明治図書

スクール・シフト2

あなたが未来の「学び」を創出する

一般社団法人
未来の先生フォーラム代表理事
宮田純也 編著

SCHOOL SHIFT 2

はじめに

本書は前作『SCHOOL SHIFT』に次ぐ2作目となります。

前作『SCHOOL SHIFT』は、「機械の時代」の産物である近代学校教育から「人の時代」の学校教育を創造し、学校教育のシフトに貢献しようという目的を掲げて出版し、専門書ながら多くの方々にお手に取っていただきました。心から御礼申し上げます。

本書は、前作『SCHOOL SHIFT』と共に、「学び」が持つ可能性を信じています。そして、それは同時に「人」の可能性を信じているとも言えます。

私は、「未来の先生フォーラム」という取り組みを行っていますが、ふと考えたことがあります。「未来」とは一つ、つまりすでに決まっているものでしょうか？　そうではないと思います。「未来」とは、複数あります。「未来」とは、過去から続く現在の自分が創るものです。私たちの未来には様々な選択肢が考えられるでしょう。それでは、その選択肢を増やしていくには何が必要でしょうか？　それは「学び」であると考えます。私たちは、何かを学ぶことによって変わることができ、選択肢を増やすことができます。

先に述べたように、未来は一つではありません。未来は全く予測不能です。きっとこれからも、予想しなかった未来が待っていることでしょう。しかし、どんなに未来がわからないものだったとしても、一つの事実があります。今まで私たちが過ごしてきて学んだこと、行動・実践したことなどの総体は、未来の土台だということです。

明治時代ごろから始まった工業社会時代の「機械の時代」から、令和の今日は情報社会時代の「人の時代」になっています。「学び」と「人」の可能性は、歴史的に最も高まっている時代と言えます。

そのような転換期において、明治時代から変わらないものは何でしょうか？　それは、「学び」がその人の可能性を広げる点です。私たちがより良く生きたいと願ったとき、「学び」は大きな役割を果たします。私たちが真に「学び」、実践し、いろいろな方と交流し、新たな生き方と新たな社会を創造することになるのです。

みなさんは「天は人の上に人を造らず、人の下に人を造らず」という言葉をご存じでしょうか？　これは福澤諭吉著『学問のすすめ』に記述されている文章です。この文章には続きがあります。

されども今、広くこの人間世界を見渡すに、かしこき人あり、おろかなる人あり、貧しきもあり、富めるもあり、貴人もあり、下人もありて、その有様雲と泥との相違あるに似たるはなんぞや。～中略～学ぶと学ばざるとによりてできるものなり。

つまり、「学び（福澤的には学問）」の重要性に関する言及がなされており、文字通り、学問（学び）を奨励しているのです。明治時代は士族階級など階層が生まれなどによって固定化された江戸時代とは違い、日本国民全員が「学び」、その人の才徳や立場によって一種の自己実現ができるのだと主張しました。「学問は身を立るの財本」（学制頒布前日の太政官趣意書）、それは自己実現としての「学び（学問）」の存在意義です。

福澤は、

・学び（学問）は日常生活に役立つもの、生かすもの（実学）
・学び（学問）は知識教養の領域を広げ、物事の道理をしっかりつかみ、人としての使命を持つために行うもの

・実生活、実際の経済や現実の流れを知るのも学び（学問）

と言っています。主として読み書きそろばんなどのリテラシーや、それを活用して知識を習得することが、福澤の言う「学び」かもしれません。

さて、今の私たちが生きる時代は「学び」の意義は福澤の時代と異なっているでしょうか？　大きくは変わっていないのではないかと思います。では、何が変わっているのでしょうか？　それはやはり社会であると言えます。テクノロジーの発展によって社会の主体・原動力が国家・多国籍企業から、ついに私たち自身になったのです。「知識」を活用して「知恵」を創造し、様々な情報をグローバルに受発信する主体に一人一人が変化したと言えます。つまり、私たち一人一人ができることが増えていくに伴って、学ぶ事柄も高度化しているのです。

私が監修した『16歳からのライフ・シフト』（東洋経済新報社）では、今までの「教育」・「仕事」・「老後」のような3ステージ型人生から、変化し続ける様々なライフステージ（マルチステージ化する人生）が出現することになると記述されています。いわば、様々な移行（トランジション）が起こる「静的」な人生から「動的」な人生への変容と言えます。私たちが生きるのは、自ら働きかけることでチャンスがより広がる自由な社会です。知識の習得の時代から、それを基にした活用の時代へという変化によって、社会や求められることも高度化しています。今の私たちが生きる時代は、「学び」の意義が福澤の時代よりも高度化すると同時に、重要性がますます増していると考えられます。

本書は、そのような学びの意義が高度化し重要化する流れを受けて、学校教育のシフトにより一層貢献したいという思いで出版します。前作では扱えなかった、あるいは複合的な観点で見つめるべき概念や取り組みについて取り上げています。

Chapter 1では、「教育とテクノロジー」をテーマに掲げています。テクノロジーの発展は、私たちに何をもたらすのでしょうか？　テクノロジーの発展と浸透は教育との従来の関係性を大きく変えています。もはやテクノロジーを抜きにして学校教育が成り立つものではないと言っても過言ではありません。本章ではテクノロジーと学校教育の関係性や相互作用の形に関する現状整理を試み、今後に何らかの視座が得られる内容になることを目指して、テクノロジーと学校教育の相互作用の関係のみならず、政策的動向と学校現場での実践を含めて立体的に描くことを目指しています。

Chapter 2では、「学び」のSHIFTがテーマになります。テクノロジーが発展する未来には、「人」である私たち自身が問われていると言えます。そんな「人」の可能性を広げる学校教育の「学び」をデザインする要諦とはどのようなものでしょうか。学校教育での教育活動において最も重要である「授業」に焦点を当て、学びの創造とシステムという観点で前作よりも幅広く授業をとらえ、海外の視点も織り交ぜることで、より一層幅広く授業デザインと実践の要諦を描きたいと考えています。

一方で、学校教育における「学び」のSHIFTは個々人の営みだけに支えられるものではありません。私たちを取り巻く環境や社会が変化し、授業が変わるとき、学校組織も対となって変化する必要があります。時として他者は自己の可能性を引き出し、より高める存在となります。それは同時に自己が他者の可能性を引き出し高めることでもあると言えるでしょう。つまり、より良い組織の希求は〝SCHOOL SHIFT〟にとって大変重要な命題です。

今回は前作とは異なる視点から、再度学校組織と教師個人の在り方・学びについてとらえ直してみたいと考えています。学校教育の高度化は「働き方」という重大な課題を浮き彫りとし、個々人のウェルビーイングを実現することはより良い教育活動にとって必須条件でしょう。学びを中心とした個人・組織変革とウェルビーイングの実現を扱うことはSCHOOL SHIFTの土台と言えます。そこでChapter 3では「学校組織」という大きな概念を取り上げます。

本書が目指すものは、前作と全く変わっていません。前作と併せて、本書が「羅針盤」として長くSCHOOL SHIFTに貢献する書籍になれば幸いです。ご一緒させていただいた先生方と関係者の皆様、そして本書をお手に取っていただいた皆様に心より感謝を申し上げます。

２０２４年7月

宮田純也

CONTENTS

Chapter 2

「学び」のSHIFT

——変わる・変える授業デザイン

Chapter 3

「学校」のSHIFT
――ウェルビーイングと教師の学び

Chapter 1

「教育とテクノロジー」のSHIFT

DX・生成AIが拓く学校教育の未来

「教育とテクノロジー」の

SHIFT

DX・生成AIが拓く学校教育の未来

ビジョン編

テクノロジーと学校のビジョン

東北学院大学教授
稲垣　忠

学びの道具は進化する

子どもの頃、近所の文具屋さんに用事がなくても行くことがありました。「何か面白いものはないかな?」新開発のシャープペンシル、不思議な形の消しゴム、ちょっとした工夫が施されたノート。これを使ったら自分はどんな体験ができるかワクワクしたものです。「子どもたちはタブレットを使う授業だと意欲的になります」といった声を聞くことがありました。新しい消しゴムを買っても、感動するのは最初の数回だけ。手に馴染んでしまえば、どんな形だったか気にならなくなります。目新しいものに触れることで意欲をもち、結果、学習などにポジティブな成果を得ることを新奇性効果（novelty effect）と呼びます。デジタルネイティブな子どもたちにとってテクノロジーは身近で、大人よりよほど順応性が高いのです。タブレットだけで意欲が高まる状況は長続きしないでしょう。

1人1台の端末を日常的に使うクラスでは、端末を開くだけでいちいち子どもたちがワクワクすることはありません。端末をいつ、どう使わせたら効果的かを考えて授業をつくる発想は、端末が特別な道具だった時代の考え方です。「ICTは手段であって目的ではない」という人ほど、目新しいICTにとらわれがちです。学習意欲とはどんなもので、どんな働きかけや学習環境が意欲を引き出すのかを正面から考えたいところです。

一方で、道具が学習を規定する側面があることもまた事実です。明治時代、子どもたちは石板（小型の黒板）と石筆（鉛筆状の蝋石）で学びました（添田1992）。書いては消してを繰り返し、忘れないよう記憶することが求められました。大正時代に入ると鉛筆と紙のノートが普及しはじめました。紙であれば、自分の考えを残し、組み立て、文章を推敲できます。毛筆による手習いから硬筆による作文へ。子どもたちが生活の中で感じたこと、考えたことをありのままに表現した生活綴方もこの頃にはじまりました。フランスの教育者、セレスタン・フレネが子どもたちの作文を他校とやりとりするために「学校に印刷機を！」をスローガンに掲げたのは1927年のことです（猶原・渡辺2020）。新しいテクノロジーを手にした創造的な教師が、新しい教育を切り拓いてきたのです。

思考と表現の道具としてのコンピュータ

子どもたちの学習の道具としてコンピュータを活用する考え方は、実は新しいものではありません。プログラミングの入門言語スクラッチの元になったSqueakを開発したアラン・ケイは、1972年に「あらゆる年齢の「子供たち」のためのパーソナルコンピュータ」というエッセイを発表しました。子どもたちが屋外でタブレット型のコンピュータをさわりながら、宇宙船のシミュレーションに取り組み、仲間との対話を通して物理の座標系を学ぶ様子が活写されています。iPadはおろか、ノート型パソコンが登場するよりずっと前です。彼の名言「The best way to predict the future is to invent it.（未来を予測する最善の方法は、それを発明することだ）」はあまりにも有名です。プログラミングに限らず、表計算、プレゼンテーション、ワープロ、動画編集、3Dのモデリングなど、コンピュータは多用途です。さらに、紙と鉛筆と大きく異なる点は、操作に対するフィードバックがすぐに得られることです。試行錯誤の繰り返しが、デジタルの創作活動の特徴です。「書いて覚える」とはまったく異なる学びの世界が広がっています。

コンピュータが扱うのはデジタル情報です。デジタルの特徴として、数字や文字以外にも静止画、動画、音声など多様なメディアを扱える点があります。絵筆にも楽器にもカメラにもなります。「コンピュータ室」に1クラス分のコンピュータが並び、それを使ったお絵描きなどで遊んだ（？）人も多いでしょう。普通教室に子ども1人1台のコンピュータを持ち込んだのは、1992年の苅宿俊文先生による実践にさかのぼります（佐伯ほか1993）。東京の港区立神応小学校（当時）の6年生の子どもたちにノート型のコンピュータが配られました。近くの公園で撮影した映像をパソコンに取り込み、地図を作成するといった実践が展開されました。今ではスマートフォン1台で動画を編集できます。SNSやYouTube、あるいはテレビで一般の人が撮影・編集した映像を見ることが日常です。子どもたちの多彩な表現や創造性を引き出すのも、コンピュータの一側面です。

ネットワークでつながること

文房具には、グループで使うものもあります。3M社がポスト・イット®を発売したのは1980年です。貼って剥がせるしおりとして登場しましたが、集団でのブレーンストーミングや、研究授業の参観者の気づきを集めて模造紙に整理するなど、共同作業の道具として役立っています。付箋の位置関係を考えたり、似たアイデアをまとめてキーワードをつけたりすることで、文章とは違った思考の表現や集団による思考を促します。筆者もミニホワイトボードを入手し、大学の授業で学生のグループワークによく活用しました。

コンピュータを用いた協働／協調学習のことをＣＳＣＬ（Computer Supported Collaborative Learning）と呼びます。複数の学習者が自分の意見や根拠資料などをオンラインの掲示板に書き込みます。他者の意見にコメントを書く機能や相互の関係を図式化するものなど、さまざまなツールがあります。１９９０年代のＣＳＣＬの代表例であるＣＳＩＬＥでは「問題」「回答」「知りたいこと」「新しく分かったこと」などのラベルをつけることで投稿相互の関係を可視化し、議論が深まるよう支援しました（尾澤２０００）。世の中にＳＮＳが広まるよりずっと前です。今では、クラウド上の授業支援ツールや共有ホワイトボードで同様のことができます。一つのドキュメントやプレゼンテーションスライドを複数人で共有して共同編集をすることや、スプレッドシートに一斉に書き込んで友だちの意見を参照できるようにすることも簡単にできるようになりました。

まとめると、学習の道具は、石板と石筆からノートと鉛筆へ、そしてコンピュータへと進化しました。毛筆の授業がなくならないように、紙と鉛筆も使わなくなる訳ではありません。一方、コンピュータには試行錯誤のしやすさ、多彩な表現、協働作業などの利点があります。インターネットにつながり、カメラが使えて、文章作成や動画編集ができて、音楽を奏でたりプログラミングができて、クラウドで協働作業ができるコンピュータをすべての子どもたちが所持しているのが現在です。この何十年かの先進的な取り組みのすべてを、どこの学校でも当時とは比べ物にならない簡単さで実践できるようになりました。

思考・表現を代行する道具の登場

子どもたちの学習の道具としてのコンピュータは、ＡＩ（人工知能）の発展により、新たな局面を迎えています。コンピュータ上のドリル教材は１９８０年代からありました。ＡＩを活用することによって、ドリル学習の自動採点や蓄積された正誤情報をもとにしたフィードバックや、学習者の学習状況に応じた新たな問題や教材をレコメンドするなどの高度化が進みました。１人１台環境になったことで、紙のドリルからＡＩドリルに切り替える学校・自治体も増えています。ジェフリー・ヒントンらが２００６年に発表した深層学習（ディープラーニング）の理論により、ＡＩは一気に実用レベルへと進化しました。

２０１７年にGoogleが発表した言語モデル「Transformer」によってＡＩの進化はさ

らに加速しました。OpenAIのChatGPTをはじめ、画像や動画・音楽の生成、翻訳や要約の精度など、ＡＩができることの幅と質が格段に向上したのです。この数年のＡＩの進化は専門家の予想をも超えつつあり、ＳＦの世界の話でしかなかった汎用的な知能をもつＡＧＩ（Artificial General Intelligence）や、人間を超える知能を備えるＡＳＩ（Artificial Super Intelligence）の可能性が議論されるようになりつつあります。

人間の学習の話に戻りましょう。学習の道具としてコンピュータは、さまざまな使い道があるにしても、指示するのは人間の側。私たちの思考をより活性化し、表現の可能性を拡張する道具です。膨大なデータを瞬時に計算させたり、多くの資料からのキーワード抽出といった作業の自動化をするには、手続きをコンピュータにわかるように指示する必要がありました。生成ＡＩでは曖昧な指示（プロンプト）であっても、それらしい返答をします。プロンプトを工夫して精度を高めることもできます。ここでの返答は、膨大なインターネット上の情報をＡＩが学習した結果です。問いへの回答や多角的な意見の提示、データの傾向の分析などが含まれます。これまで人力で、ときにはコンピュータの助けを借りて行ってきた情報の整理・分析を代行するようになりつつあります。

表現することも、代行のリスクにさらされています。生成ＡＩを用いてレポートをもとにプレゼンテーションを作成したり、文章から画像や音声、動画を作り出せるようになりました。登場時点では独特の色調や構図の「ＡＩくささ」があった画像生成も、１年で写真と区別するのが難しいレベルに進化しました。学生のレポート、子どもたちの作文が生成ＡＩによるものでないことを保証することはますます難しくなっていくでしょう。２０２３年にはハリウッドで４ヶ月におよぶ大規模なストライキがありました。ＡＩが脚本家のアイデアを再構築したり、エキストラ俳優をスキャンして無限に再利用できるようになることへの懸念が背景にはありました。トップクラスの俳優やミュージシャンがＡＩを駆使して表現の可能性を広げる一方で、エキストラやイラストレーターの仕事がＡＩに代行されつつあります。絵を描くのが得意だったり、作曲が好きだったりする子どもたちにとって、プロになるまでのキャリアパスはどのように変わっていくのでしょうか。

生物としてのヒトの脳の仕組みが変わらない限り、学習という行為の本質は変わりません。繰り返し練習することも、多くのデータや情報から新たな知見を見出すことも、アイデアをもとに試行錯誤することも、他者に伝わるように表現を工夫することも、友だちの意見と対立しながらも妥協点を見出そうとすることも、無くなることはないはずです。ですが、「それらしい」レベルは、ＡＩが代行してしまいます。学びたい、わかりたい、伝えたい。確かな意志をもった学び手を育てていくことが、私たちに求められています。

「授業」の前提の変化

文房具からコンピュータ、そして生成ＡＩまで、子どもの学びの道具がどう変化してきたのかを概観しました。道具の変化は、授業の姿にも影響を与えています。

一般に授業の学習形態は一斉学習、個別学習、協働学習の組み合わせです。教師が延々と話し、板書し、生徒はノートに書き写すだけの授業は一斉学習だけで成り立っています。一方、導入で教師が課題を一斉に示し、子どもは個別に課題に取り組み、グループで協働し、クラス全体でまとめる流れは、三つの学習形態の組み合わせです。45分、50分といった限られた時間の中で、30人～40人の子どもたちが教室に集まり、教師に指示された学習を上手にこなし、与えられた目標への到達が求められるのが「授業」でした。しかしながら、学びの道具や社会状況の変化により、「授業」の姿、役割が変わりつつあります。

ＧＩＧＡスクール構想の5年前の２０１４年に「学びのイノベーション事業」の報告書が公表されています。同事業は全国でわずか20校程度でしたが、小学校、中学校、特別支援学校で１人１台の環境を整備し、授業がどう変わるのか検証されました。１人１台環境での授業場面を、一斉学習（教員による教材の提示）、個別学習（個に応じる学習、調査活動、思考を深める学習、表現・制作、家庭学習）、協働学習（発表や話合い、協働での意見整理、協働制作、学校の壁を越えた学習）の10の場面に整理しています。個別学習には家庭学習が、協働学習には学校の壁を越えた学習が位置づけられています。従来、家庭学習は予習・復習・宿題が専らでしたが、端末は学校外でも使用できます。授業の講義を動画にして自宅で視聴し、学校では個別の支援を受けたり協働学習に取り組んだりする「反転授業」（バーグマン２０１４）は、授業の位置付けを見直す第一歩になりました。インターネットは教室を遠隔地や海外の学校の教室とをつなぐ「学校間交流学習」（稲垣２００４）を実現しました。時間（授業）と空間（教室）の二つの壁が取り払われる可能性が示されたのです。

２０１９年12月にＧＩＧＡスクール構想は発表されましたが、すぐにコロナ禍が広まり、一斉休校など大きな混乱がありました。休業期間中の「学びの保障」のために、動画やプリント形式の教材がつくられました。こうした教材は、児童生徒は好きなタイミングで、自分のペースで理解できるまで何度も学ぶことができます。子ども個別の習熟状況や興味関心の差に応えられる可能性に気づかされました。授業を続けることではなく、一人一人の学びの保障がクローズアップされたのです。一方、オンラインで画面の向こう側の生徒たちに語りかけるもどかしさや、やりとりの価値を確認する機会にもなりました。コロナ禍を通して、すべての学校の子どもたち、教員が、日々の授業風景が当たり前のものではないことを経験しました（「教職研修」編集部2020）。

道具や環境の変化によって、時間・空間の壁が柔軟になった一方、子どもたちと教師の状況も変化しています。少子化の進行は政府の予測を上回り、2023年の出生数は75万8631人、前年から4万人以上減りました。地方では学校の維持が難しい自治体も増えてくると考えられます。

従来からへき地・小規模の学校では、複数学年でいっしょに学ぶ複式学級や近隣の学校との交流授業が取り組まれてきました。複式学級では、子どもを直接みる時間と子どもが自分たちで学びを進める間接指導を組み合わせる「わたり」といった指導法が開発されています。間接指導にデジタル教材で自立的に学んだり、交流校との間をオンラインで日常的に関われるようにしたりといった取り組みも進められています（川前ほか2019）。

高校では、生徒数の減少は教員数の削減に直結し、開設科目の減少をもたらします。放送やオンラインによる広域通信制高校に通う高校生は2023年で26万人を超え、12人に1人が通信制です。学校法人角川ドワンゴ学園のN高等学校・S高等学校は、2023年末時点の生徒数が2万7000名を超えています。一方、全日制の高校は、遠隔授業で科目のバリエーションを増やす対応がとられています。2024年2月には文部科学省から「高等学校等における多様な学習ニーズに対応した柔軟で質の高い学びの実現について」が発出され、条件緩和が進んでいます。

少子化の一方、不登校の児童生徒は増加しています。2022年度の調査では、小中学校であわせて30万名近く、前年から20％以上増加しました。フリースクールのような学校でも家庭でもない第3の居場所（サードプレイス）や、学びの多様化学校の設置が進められています。一律の時間割、学級での従来型の「授業」ではなく、一人ひとりに合った学びや、他者とつながる経験が大切にされています。インターネット上の仮想空間（メタバース）を使って自宅から授業を受けたり、人間関係を広げたりする取り組みもあります。

こうしてみると、教室での多人数の一斉授業は、さまざまな学習機会の中での選択肢の一つであることに気付かされます。もちろん、学習機会全体の中で教室の授業は大多数ですし、授業を通して育まれてきた日本の子どもたちの学力は、2022年に実施された国際学力調査ＰＩＳＡにおいても世界トップレベルと評価されています（国立教育政策研究所2023）。しかしながら従来型の授業では、特別な支援を必要とする子どもたち、日本語を母語としない子どもたちや、ギフテッドと呼ばれる極めて高い知的能力をもった子どもといった多種多様な子どもたちに対応することが難しいのも現実です。

私たちは、どんな状況にも対応できる高い指導力を備えた「スーパー先生」が増えていくことを願うべきなのでしょうか。日本は今後、生産年齢人口（15〜64歳）が急速に減少し、労働力不足が深刻になります。教員採用試験の倍率は年々低下し、4月の時点で必要な教員数を確保できない自治体がすでに生じています。残業の多さ（と手当の問題）、休日の部活動指導など、教員の労働環境の改善は急務です。その際、テクノロジーは業務改善に役立ちますが、目の前の業務をそのままデジタル化するだけで解決できる状況でもありません。「授業」の役割をとらえなおし、教師に求められる資質・能力を再定義し、現在およびこれからの社会で持続可能な学校へとシフトしていくことが求められています。

あたらしい学校のかたちをさぐる

> 必要なのは、公衆が容易に利用でき、学習をしたり、教えたりする平等な機会を広げるように考案された新しいネットワークである（イリッチ1971）。

ネオ・アレックスを手にすることによって、人々は安心して情報を頭から切り離せるようになる。なぜなら、手元の携帯端末によって、およそ学校で学ぶような情報はいつでも自由に取り出せるようになるからである（半田１９９６）。

イリイチ（イリッチ）の「脱学校の社会」は半世紀以上前に、当時のテープレコーダーと郵便ネットワークを使って誰もがいつでも必要なときに学び、教えあうことができる環境を提案しました。半田の「知能環境論」は、人類の知識基盤をデジタルで集積し、誰もがアクセスできる開放情報時空（ネオ・アレックス）を提案し、人々がいつでも情報を入手し、新たな知識を創造できる環境での学びの姿を論じました。すべての子どもたちがネットワークにつながった端末を持ち、いつでもどこでも学べる環境を私たちはすでに手にしています。学習の道具、社会環境の変化を前提に、これからの学校の姿を素描していきましょう。

コリンズとハルバーソン（２０２０）は、デジタルテクノロジーが実現する学びの特徴を次の３点に整理しています。

・カスタマイズ：１人１人の興味関心や学習状況にあわせた教材を提供すること

・**インタラクション**：1人1人の学習に対して即座にフィードバックすること
・**学習者コントロール**：学習者が学びたいときに、自分のペースで学ぶこと

いずれも、多人数の子どもが一斉に同じタイミングで同じことを学ぶ授業とは相容れない性質です。コリンズらは、従来の学校教育制度が、工業化と爆発的な人口増加が起きた産業革命によって形作られたことを指摘した上で、近代学校から生涯学習とネットワークを前提とした学校への移行を提案しています。なお、この辺りの歴史的経緯は、前著『SCHOOL SHIFT』のイントロダクションとして宮田氏がまとめていますので参照ください。

工業社会から情報社会へと社会は大きく変化しました。物の見方や考え方が大きく変わることをパラダイムシフトと呼びます。ライゲルースとカノップ（2018）は、情報時代の学校のパラダイムとして、次の六つのコアアイデアを紹介しています。

①到達ベースのシステム　②学習者中心の指導
③広がりのあるカリキュラム　④新たな役割
⑤調和ある人格を育む学校文化　⑥組織構造の分権化

実はこれらのほとんどはすでに取り組まれているものばかりです。具体的に見ていきましょう。①の到達ベースのシステムでは、子どもたちは自分のペースで学び、一定の水準に達したら個別に評価を受け、合格すれば次に進みます。中央教育審議会答申「「令和の日本型学校教育」の構築を目指して」では、個別最適な学びを「指導の個別化」と「学習の個性化」の二つの側面に整理しました。この二つは1980年代の加藤幸次らによる個別化・個性化教育運動に遡ることができます（奈須2022）。到達ベースは、主に指導の個別化に着目した考え方です。蓑手（2021）の自由進度学習や加藤らの授業モデルを現代の環境で実践した佐々木（2022）など、参考資料は豊富にあります。

②の学習者中心の指導は、児童生徒それぞれの特性や興味関心に応じることです。特別支援教育でつくられている「個別の指導計画」では、子どもの実態に応じて指導目標、内容・方法を明確にすることが求められます。「個別最適な学び」の「学習の個性化」の側面として、興味関心に応じたプロジェクト型学習（PBL）があります。社会とつながりのある真正な課題や、教科をベースにしていても、やりがいのある課題に対して、仲間と協働しながら取り組みます。教科の単元をベースにプロジェクト化する手法（稲垣2020）や、教科を横断したテーマプロジェクトと子どもからの思いからはじまるマイプロジ

ェクトを組み合わせている軽井沢風越学園ラーニングセンター（２０２３）など、さまざまな考え方・手法が提案されています。

③広がりのあるカリキュラムの「広がり」とは、育成する資質・能力の幅についてです。たとえばOECD Education 2030プロジェクトでは、教科の知識・内容だけでなく、認知・非認知両面にわたるスキル、価値、変革をもたらすコンピテンシーなど、今後の社会で生きていくために必要な資質・能力が提案されています（白井２０２０）。生成ＡＩが登場したことで、資質・能力のどういった部分をＡＩが代替したり、強化したりする可能性があるのかも議論されています（ファデルほか２０２４）。日本の学習指導要領では情報活用能力を「学習の基盤となる資質・能力」の一つと位置付け、横断的に育成していますが、技術環境・社会環境の変化は、資質・能力の在り方にも影響を与え始めています。

④の新たな役割とは、教師、学習者、保護者、テクノロジーの役割変化についてです。教師の役割はメンター、デザイナー、ファシリテーターといった指導者というより、学習者の学びを支援し、環境を整える役割や、教師自身が学び手となります。学習者は、自己主導型の学び手であり、教え合い、学び合う主体としての役割が重視されます。自己調整学習（木村２０２３）は、個別最適な学びの中でも重視されているところです。また、テ

クノロジーの役割としては、個別の学習計画の立案支援、学習記録の蓄積、プロジェクトの遂行支援、評価のツールとしての活用が指摘されています。GIGAスクール構想で整備された1人1台、クラウドに加え、学習eポータルを軸に今後整っていくことが期待される教育データの活用基盤が鍵になります。

⑤の学校文化を育む要件として、小規模な学校サイズや異学年混合グループによるメンタリングを挙げています。先ほどの小規模へき地校の取り組みや、日本でも広がり始めたイエナプラン（リヒテルズ2019）はそのモデルとなる可能性があります。

⑥最後の組織構造では、小規模の教員チームによる学校運営、地域で共有するラーニングセンター、生徒や保護者、教員による学校の選択、地域の教育行政の役割などが触れられています。全国・世界で広がっているファブラボ（あるいはメイカースペース）では、3Dプリンターなどさまざまな工作機器を備え、子どもも大人もチャレンジし、学び合える空間です（メニキネッリ2020）。図書館などの社会教育施設とともに、こうした地域共有のラーニングセンターが子どもたちの学びの枠を広げていくことでしょう。

六つのコアアイデアは、どれも正解が一つではありません。おおまかなベクトルは共有しながらも、その実現するかたちは地域によって、その学校の教育理念によってさまざまです。子ども一人ひとりの多様な育ちを大切にする学校が、金太郎飴のように同じかたちをしていてはかえって不自然と言えるでしょう。

新たな文房具を手にした子どもたちは、道具そのものではなく、その先にある時間・空間の垣根を超えた、あたらしい学びにワクワクしているはずです。スクールシフトを実現するためのツール、社会的な環境、考え方はそろいつつあります。本書でこの後紹介される、さまざまなシフトした姿から、皆さんの学校をシフトするための最初の一歩をぜひ見つけてみてください。

参考文献

・添田晴雄（１９９２）「筆記具の変遷と学習」『近代日本の学校文化誌』思文閣出版、pp.148-195
・猶原和子・渡辺行野（２０２０）「フレネ教育における学習環境の考察―オランダ・ベルギーのフレネ学校を事例に―」『江戸川大学こどもコミュニケーション研究紀要』２、pp.1-10
・アラン・ケイ（１９７２）「あらゆる年齢の「子供たち」のためのパーソナルコンピュータ」the Proceedings of the ACM National Conference, Boston, https://swikis.ddo.jp/abee/74
・佐伯胖・佐藤学・苅宿俊文・ＮＨＫ取材班（１９９３）『教室にやってきた未来―コンピューター学習実践記録』ＮＨＫ出版
・尾澤重知（２０００）「学習者の相互作用を促進するＣＳＣＬ学習環境の構築と課題」『京都大学高等教育研究』６、pp.137-149
・文部科学省（２０１４）「学びのイノベーション事業実証研究報告書」
https://www.mext.go.jp/b_menu/shingi/chousa/shougai/030/toushin/1346504.htm

・ジョナサン・バーグマン&アーロン・サムズ（２０１４）『反転授業』オデッセイコミュニケーションズ
・稲垣忠（２００４）『学校間交流学習をはじめよう』三晃書房
・「教職研修」編集部（２０２０）『ポスト・コロナの学校を描く』教育開発研究所
・川前あゆみ・玉井康之・二宮信一（２０１９）『豊かな心を育むへき地・小規模校教育―少子化時代の学校の可能性』学事出版
・国立教育政策研究所（２０２３）「ＯＥＣＤ生徒の学習到達度調査ＰＩＳＡ２０２２のポイント」
https://www.nier.go.jp/kokusai/pisa/pdf/2022/01_point_2.pdf
・イヴァン・イリッチ／東洋・小澤周三訳（１９７７）『脱学校の社会』東京創元社
・半田智久（１９９６）『知能環境論　頭脳を超えて知の泉へ』ＮＴＴ出版
・アラン・コリンズ&リチャード・ハルバーソン（２０２０）『デジタル社会の学びのかたち Ver.2』北大路書房
・チャールズ．M．ライゲルース&ジェニファー．R．カノップ（２０１８）『情報時代の学校をデザインする　学習者中心の教育に変える６つのアイデア』北大路書房
・奈須正裕（２０２２）『個別最適な学びの足場を組む。』教育開発研究所
・蓑手章吾（２０２１）『子どもが自ら学び出す！　自由進度学習のはじめかた』学陽書房
・佐々木潤（２０２２）『個別最適な学び×協働的な学び×ＩＣＴ入門』明治図書出版
・稲垣忠（２０２０）『探究する学びをデザインする！情報活用型プロジェクト学習ガイドブック』明治図書出版
・軽井沢風越ラーニングセンター（２０２３）『プロジェクトの学びでわたしをつくる』軽井沢風越学園
・白井俊（２０２０）『OECD Education2030プロジェクトが描く教育の未来』ミネルヴァ書房
・Charles Fadel、Alexis Black、Robbie Taylor、Janet Slesinski、Katie Dunn (2024) Education for the Age of AI, Center for Curriculum Redesign
・木村明憲（２０２３）『自己調整学習　主体的な学習者を育む方法と実践』明治図書出版
・リヒテルズ直子（２０１９）『今こそ日本の学校に！イエナプラン実践ガイドブック』教育開発研究所
・マッシモ・メニキネッリ（２０２０）『ファブラボのすべて　イノベーションが生まれる場所』ビー・エヌ・エヌ新社

「教育とテクノロジー」の

SHIFT

DX・生成AIが拓く学校教育の未来

アクション編 1

GIGAスクール構想第2ステージに向けて

(前)文部科学省学校デジタル化プロジェクトチームリーダー
武藤 久慶

本章は筆者が文部科学省初等中等教育局学校デジタル化PTリーダーと修学支援・教材課長を兼務していた令和6年3月時点に私見として執筆・脱稿したものをベースとして、同年5月時点で事実関係のアップデートを施したものである。

はじめに

子どもたちに1人1台端末とクラウド環境を整備し、子供の学びと教師の教えにイノベーションをもたらそうとするGIGAスクール構想。コロナ禍の混乱の中で、テックと向き合わざるを得ない中で、この構想の実現に積極的に取り組む地域・学校では様々なポジティブな変化が起きつつあります。また、2023年の途中から生成AIが爆発的に普及し始めており、文部科学省もガイドラインを示す中で、徐々に学校現場にインパクトを与えつつあります。本稿では、GIGAスクール構想の現在地点を俯瞰するとともに第2期に向けた教育のデジタル化の見通しについて、私見を述べます。

初等中等教育段階における生成AIの利用に関する暫定的なガイドライン（文部科学省）

自動翻訳機能の活用方法（NHK for School　学習支援のツールボックス）

1　GIGA3年目の成果

本書が出版される頃、GIGAスクール構想は4年目を迎えています。コロナ禍の混乱で前半戦は終わったわけですから、実質2年に満たない中、多くの学校現場には本当によく頑張って頂きました。この間、積極的な活用に取り組んだ地域・学校から寄せられている成果を列挙すれば概ね以下のようなものになると思います。

まず第一に強調したいのは、学びの保障の観点です。不登校や保健室登校、病気療養中の児童生徒とオンライン授業で繋がることができるようになりました。日本語指導が必要な外国籍や外国にルーツがある児童生徒も無償の翻訳アプリを使って授業についていきやすい状況が生まれています。NHK for School にも自動翻訳機能が実装されました。

また、特別支援を必要とする児童生徒にとって、OSやビジネスソフト、デジタル教科書・教材が有する拡大表示機能、音声読み上げ機能・入力機能、背景・文字色の変更・反転機能、ルビ機能などは大いに役立つものとなっています。話した内容を画面に表示するアプリ、緘黙症や吃音症をサポートするアプリ、写真から文章を読み上げるアプリなど様々なコミュニケーション支援ツールが有償・無償の両方で存在し、端末を活用することで幅広い支援機能の利用も可能です。多種多様なサポートアプリを教師や保護者・当事者の願いを吸い上げて整備・カタログ化し、支援が必要な子供が個々に活用することを可能としている新潟市のような自治体も出てきています。タイピングという新たな表現の手段によって書字に困難がある子たちが書けるようになった事例が沢山報告されていることも嬉しいことです。見逃せないのは、これらが特段の支援が必要と教師側から認識されていない多くの多様な児童生徒の学びやすさにも大きく貢献しつつあることです。ここで起きていることは「学習権の前進」であり、「人権の前進」であると私は考えています。GIGAスクール構想の推進に疑問をお持ちの方はまずこの点こそ念頭に置くべきではないでしょうか。

第二に、今やほぼ全ての教科書にQRコードがふんだんに盛り込まれ、リンク先のデジタル教材との連携が日常化しつつあります。デジタルドリルや文章の読み方の解説、グラフや図形を操作できるコンテンツ、音声教材や実験器具の使い方の動画、地理や歴史の資料の詳細を確認出来るコンテンツなど様々なものがあります。デジタル動画教材はいったん止めることも、再生し直すことも、再生速度を変えることもできます。児童生徒が自分のペースで理解したり、試行錯誤したりできるので、教師が個別指導・確認に注力できる状況も生まれてきています。指導の個別化・学習の個性化の双方に資するコンテンツが「主たる教材」である教科書から瞬時に飛べて、1人1台端末で閲覧できるようになったことの効果はこれから徐々に出てくるでしょう。

また、GIGAスクールで地理的ハンデを超えて個別最適な学びを保障している例として、ふるさと納税で資金を調達し、端末を活用して朝の時間にオンライン英会話を導入する郡部の自治体も出てきています。今後は、生成AIを活用して個別最適な教材を子どもたち自身が創っていくことも可能になるでしょう。例えば英語科であれば、必要な文法項目や単語を網羅しつつ、自分の興味・関心に合わせた例文を徹底的に生成し、教師が一定のチェックをした後はその教材で学んだり、その教材を共有したり、互いの考えや気持ちを伝えるコミュニケーションに役立てることも可能でしょう。

第三に取り上げたいのは、こうした個別支援や個別最適な学びを授業モデル自体にインストールするような新たな変化が生じつつあることです。端末が文房具となり、使いたい時に使うことができる学校や学級では、一定の学習のガイドラインを基にして、子どもたちが自分にとって学びやすい方法・ペースで学び、教師が徹底的に伴走支援するスタイルの学びの複線化、あるいは自由進度学習と呼ばれるような授業形態が徐々に増えてきています。これは、教師が決めた順番やペースで全ての子どもたちが学んできた明治以来のスタイルからの大きな転換です。こうしたSHIFTを可能にしているのも本書の主題であるテクノロジーです。各自治体の整備状況にもよるので一概には言えませんが、具体的には、次に列挙するようなクラウド活用のインパクトは極めて大きいと考えています。

①単元の設計が予め示され、見通しを持って取り組むことができること
②子どもたちの多様性に応じた様々な学びの手立てやヒントが開示されていること
③ワークシート等が教師からも一覧でき、きめ細かな支援が容易になること
④児童生徒同士でいつでも相互参照・途中参照可能な状態が作られていること
⑤チャットが子ども同士の協働や教師の指導のツールになりつつあること
⑥様々な授業動画や学習動画が自在に活用可能な状態になっていること

先進的に取り組んでいる教室では、こうしたクラウド技術がもたらす恩恵をフルに活かしながら、多様な児童生徒が各自のペースで学んでいます。タイピングスキルや端末操作スキルや情報の整理分析スキルを含め、情報活用能力が高まり、複線型の授業が軌道に乗

っている教室では、従来型の一斉授業と比較して進度が早くなるだけでなく、子どもたちのアウトプットの質が高まり、より深い学びが生じています。

もちろん、学年段階、教科特性もありますし、子どもの育ちの状況もあるので、一概に全ての授業を自由進度や複線化にしたらよいとは思いません。しかし、どうしたら今よりも個別最適に迫ることが出来るかという視点での授業改善は重要と考えます。加藤[1]（2023）が整理しているように、伝統的な一斉授業は、教師の指示した「同じ学習課題」について、教科書等の「同じ教材」を用い、教師の指示に従って全員が「同じペース」で一斉に学び、「同じ結論（まとめ）」に到達する、というものでした。これらの諸要素を教科や単元の特質、各教師の持ち味に応じながら、緩めていく方向性を学校として持つことによって、従前よりも個別最適に迫ったり、探究の要素を強めたりしていくことが期待できます。また、少しずつ異なった学びをする児童生徒が交流することにより、異なる意見や観点が組み合わされてより良い学びが生まれる協働的な学びに繋がります。クラウドやデジタルはそうした挑戦を格段に容易にしてくれます。

第四に働き方改革の進展です。教師と児童生徒の双方に1人1台端末がある中、クラウド環境を十全に使って様々な効率化が図られています。有償アプリも沢山出ており、財政力に余裕がある自治体は導入すればよいと思いますが、無償のクラウドツールを使い倒すだけでも相当な改善が可能です。遅刻欠席連絡、各種スケジュールの可視化、保護者へのお便り、備品管理・施設の予約、児童生徒や保護者・教師アンケートなどはデジタルで格段に楽になります。行事後の教師・保護者・児童生徒のアンケート結果を生成ＡＩで瞬時に分析し、学校改善サイクルを早く回している事例もあります。チャットツールを使えば、いちいち集まらなくても小さな情報共有を各自のすきま時間でこなすことができます。会議資料は予めクラウド上で非同期で回覧し、必要なコメントを付ければ会議時間は大幅に短縮できたり、会議そのものが不要になったりします。付箋ソフトや共同編集などを使って会議や研修をおこなえば、こんなに簡単に意見が共有でき、こんなに民主的に意思決定ができるのかと驚くはずです。研修資料や研修動画もクラウド上で共有すれば各自都合が付く時間に同じものを見て共通認識を醸成することも可能です。リアルの集合研修とオンライン・オンデマンドを組み合わせる形態も増えてきました。ＧＩＧＡスクールにまだ乗り切れていない地域や学校にはまず校務・研修でのクラウド活用をお勧めしています。そこで働き方改革と絡める形でデジタルの良さが実感されれば、自然な流れとして授業でどう使おうか、という発想になっていきます。

「GIGA スクール構想の下での校務 DX 化チェックリスト」に基づく自己点検結果の報告について（文部科学省）

こうしたことも含め、先進校からのヒアリングに基づき、学校34項目、教育委員会18項目からなる校務ＤＸのチェックリストを作成しました。デジタルやクラウドを使い倒すことにより、教師の仕事に余裕が生まれ、保護者の満足度も高くなり、意思決定や情報共有のスピードも速くなります。それらの結果は全て子どもたちの教育に還元されるわけです。

2 顕在化している課題

1では様々な成果を述べてきましたが、逆に言えば、それらがまだ生じていない地域・学校・教室も沢山存在します。都道府県格差、市町村格差、学校間格差、小中間格差、学年間格差、教師間格差……様々なレイヤーがありますが、看過し難い差が生まれつつあると考えています。さすがに端末の箱を空けていない学校があるというのは都市伝説になったと思いますが、未だに先生が指示した時だけの活用や持参になっている事例、端末持ち帰りが禁止されている事例もあります。中には、基本的には自宅に端末をおいておかせ、教師が指示した場合だけ学校に持ってこさせていることをもって「本校は持ち帰りを実施しています」と主張している例もあるほどです。また、小学校の学級担任制の下、特別支援を必要とする子どもの支援がデジタルで包括的に改善されていたのに、中学校の教科担

「令和の日本型学校教育」の構築を目指して～全ての子供たちの可能性を引き出す，個別最適な学びと，協働的な学びの実現～（答申）【令和３年４月22日更新】（文部科学省）

任制の下、個々の教師の判断で端末活用の可否が決定され、小学校では見えなくなっていた困難が可視化される事例も枚挙に暇がありません[2]。令和の時代の一人一人の文房具として、デジタルデバイドを解消する思いも込めて膨大な税金を投入して整備された端末。その活用に格差が生じ、全体の教育格差がむしろ拡大してしまうとすれば本末転倒です。

では、何故このような差が生じているのでしょうか。

第一に意識面の格差です。端的に言えば、現行の学習指導要領の理念や具体がまだまだ十分に理解されていません。一人一人の子供の良さや可能性を本気で伸ばしていこうという理念も、主体的・対話的で深い学びも、情報活用能力が学習の基盤と位置付けられていることも十分に知られていません。令和の日本型学校教育の答申で提起された個別最適な学びと協働的な学びの一体的な充実や働き方改革との両立のコンセプトもまだまだ浸透していません。それらの「当然の帰結」として、理念の実現に迫るためのパワフルなツールである端末やクラウドの重要性が「腹落ち」に至っていない学校現場がまだ相当数あるのではないでしょうか。誰しも今まで通りのやり方を続けるのが一番楽であり、より上位の目的・目標が腹落ちしていない以上、現状維持バイアスに流されるのは当然です。私自身を含め、国・地方の指導行政はこれまでの仕事の仕方を真摯に反省すべきと思います。もっと分かりやすく、忙しい学校現場の腹に落ち、共感を得られる指導助言をしていく必要があります。字ばかりでどこを見てよいかわからない資料で抑揚のない行政説明をしたり、one size fits all（フリーサイズ）の高尚な講釈をしている余裕は最早ありません。

第二に、自治体・学校によっては、先生方の意識が変わらない背景として整備面の格差が大きいことに目を背けるわけにはいきません。端末の起動に時間がかかりすぎる、ネットワークが遅すぎる、これでは使われないのは当然です。また、指導者用端末が教師1人1台分整備されていない自治体もあります。そんな中で子供だけに端末を使わせられないと教師が考えるのも当然です。こうした状況もあるため、ＧＩＧＡ端末の更新に当たってはネットワークの改善や指導者用端末の整備などを補助要件にしました。少し荒っぽいやり方ですが、一気に改善を図っていきたいと考えています。

一方で、折角これらが整備されていてもクラウド活用を阻害するような規制を教育委員会がかけている例も枚挙に暇がありません。過剰なフィルタリング、チャット等のクラウドツールの禁止、持ち帰りの禁止……管理側の意識が「ビフォアＧＩＧＡ」なのです。「子供に情報端末を使わせるとトラブルが起きるに違いない、だから先回りして規制しておこう」という発想……70％近くがスマートフォンを持ち、ネット常時接続状態であるということについての理解が圧倒的に欠けています。しかも、生成ＡＩなどが搭載されたアプリが沢山出てきており、年齢制限こそあるものの事実上子どもでも簡単に使える状況にあります。もしわれわれ教育関係者が手をこまねいていたら、フィルターバブルやエコーチェンバーといった多様性を欠く情報の海の中に子供を放り出すことになるわけです。学校で禁止し、学校だけが責任逃れをすることは短期的には可能でしょうが、逆に子供たちを「無保護」の状況に追いやることにならないでしょうか。無保護状態の中、学校外で起きたトラブルも結局は学校に持ち込まれ、先生方の指導を難しくすることになるのは火を見るより明らかです。ここはマインドを変えて、学校教育が適切に関わり、時に問題や課題が生じることも想定しつつ、それらを「教育機会」と捉えながら、デジタル技術の賢い使い方や付き合い方を意識的に教育していく、そうした方向で保護者とも共通認識を持つべきではないでしょうか。そもそも、情報技術を適切に活用して問題を発見・解決し、思考・判断・表現していく「情報活用能力」は、「学習の基盤」と学習指導要領に明確に位置付けられており、ここで書いていることは指導要領レベルでは「終わっている」「過去の」議論なのです。

第三に、従来型の教育指導を単にデジタルに置き換えただけのいわゆる「デジタル一斉指導」に陥る傾向が一部にあること、それらを一部アプリの一部機能が助長している面があることは否めません。自律的学習者を育てる観点から、中長期的に子どもに委ねていく割合を増やす方向でステップを刻む中で教師主導の場面がより色濃く生ずる段階や局面、場面があることは当然です。しかし、そうした見通しもなく、アプリの一部の教師主導的機能が半ば漫然と使い続けられて、「今まで通りの授業がやりやすくなった」という満足感となり、そのアプリを使うことをもって「うちはGIGAスクールに十分対応している」という自己評価を堂々と述べる関係者が一定数おられるのも残念ながら現実です。アプリ自体が悪いわけではありませんが、改めて、教育改革や授業改善の上位目標を踏まえて見通しを持った活用を推進したいと思いますし、教育委員会や学校現場だけでなく、サービスを提供する事業者側とも十分な意思疎通と問題意識の共有が必要と感じています。「今は補助輪は必要だけれど、補助輪を外す日は想定されているのか？」「今は先生が必要だけれど、先生がいつも指示しなくても学べる自律的・主体的な学習者は想定されているのか」、こうしたことを問いながら授業支援ソフトを賢く活用していくべきではないでしょうか。

第四に、「教具なのか文房具なのか」とか、「デジタルかアナログか」的ないわゆる「二項対立」の陥穽に陥っている例も未だに相当数あるように思います。教師側（教具的側面）から見れば、発達の段階や学習場面等により、どちらの良さも適切に組み合わせて活用していくということに尽きますし、その時の在り方は一様ではないはずです。一方で、子ども側（文房具的側面）から見れば、一律に使い方を決めたり、教師が使わせたい時だけ使わせたりするのではなく、いつも手元にあり、活用できるようにした上で、デジタルとアナログを各自が自在に使い分けて賢く学ぶことができるよう段階的に指導していくべきではないでしょうか。どのタイミングでどのように使うと効果的なのか、という教具的側面からの適時性の議論がやや過剰に流通しており、文房具的側面が軽視されている傾向はないでしょうか。このことは、特別支援を要する児童生徒にアクセシビリティの恩恵を行き渡らせる観点からも早急な改善が必要と思います。

デジタル全盛の時代だからこそ、教師による対面指導や子供同士による学び合い、様々な教育資源を活かした多様な体験活動の意義が増していますし、学校でなければできない活動の重要性がより一層高まっていきます。デジタルを活用することによってこうした活動が更に充実することは先進自治体が証明しています。デジタルが子どもたちの学びや教師の働き方に自然に溶け込み、結果、「デジタルでリアルが格段に充実する」、大きな方向性としてはこれ一択ではないでしょうか。

以上5点に分けて課題を述べてきました。これらを総括すると、いわゆる「活用格差」の実態は、端末を使っているところと使っていないところの「二極化」ではなく、

①GIGAスクール構想以前にとどまっている地域・学校・教師と、
②GIGAスクール環境を利用したデジタイゼーション、デジタライゼーションにとどまっている地域・学校・教師と、
③クラウド環境を使い倒して子供の学びと先生の教えにデジタルトランスフォーメーションをもたらしつつある地域・学校・教師

との三つに分かれていると言えるのかも知れません。言うまでもなく「教育の機会均等」は憲法、教育基本法レベルの要請です。GIGAスクール構想第一期の残り2年は、

▼もはや時代から取り残されつつある段階①をなくし、②に歩みを進め段階的に③を

目指すのか、一気に③を目指すのかについて、地域の実態を踏まえつつ、助言・支援する

▼段階②の自治体については、この段階にロックインされないよう、巧みに③への移行を促す、

▼段階③に歩みを進めている自治体には、更に高みを目指してもらいつつ、当該実践を可能としている諸条件を様々なレベルで可能な限り可視化し、分かりやすく①や②の自治体の参考に供する

という多層的な指導助言と政策誘導が必要になってきていると感じます。

3　GIGAスクール構想第二期に向けて

1、2で成果と課題を述べてきましたが、現在喫緊の課題は端末の更新です。早ければ令和6年度にも更新を必要とする自治体が一定数ある中、更新費用の確保が最重要課題でした。令和5年度補正予算においては、幅広い関係者の支援を頂きながら、単価をアップさせるとともに15%分の予備機を含めて端末更新費用を獲得することができました。具体

的には各都道府県域での共同調達を行い、5年程度かけて費用負担を平準化させながら更新を図って頂くことになります。ここでは第二期に向けたデジタル学習基盤の課題について私見を述べていきます。

まず第一に、共同調達を単なる行政事務にしないことが大事です。学習指導要領を読めばわかる通り、上位目標は、各教科のコンテンツ自体ではなく、資質能力の育成なわけです。もちろんコンテンツは大事ですが、コンテンツを通してコンピテンシー（資質能力）を高める。そのための整理が教科固有の「見方・考え方」であり、そのための横断的な授業改善の視点が「主体的・対話的で深い学びの実現」であり、そうした高みに迫るための具体が「個別最適な学びと協働的な学びの一体的充実」です。そして、そのために不可欠なデジタル学習基盤としてＧＩＧＡスクール構想の環境整備があるわけです。こうした構造を理解し、本気で上位目標を実現しようとするための道具立てとして賢い整備を行って頂きたいと思います。

その際、15％の予備機は絶対に整備をお願いしたいと思います。これは端末を使い倒し成果を上げている先進自治体の故障率を勘案したものであり、これから端末活用が日常化した場合に、子供の学びに切れ目が生じたり、無駄な経費を使ったりすることにならないようにするためのものです。また、予備機は放っておくとバッテリーが劣化したり、OSのアップデートが必要になったり等、いざという時に使えませんから、普段から起動しておく必要があります。そしてどうせ起動するのであれば、有効活用の視点を持つべきです。例えば、不登校の児童生徒に授業を配信する時にもう一台端末があると一人一人の顔を見ながら授業をすることも可能です。外国人の子供が翻訳アプリなどを使うときに予備端末を用いている事例もあります。教育実習生の端末にしたり、支援員や外部講師に使ってもらったりすることも考えられます。もちろん、予備機ですからいつも以上に丁寧に扱う必要がありますが、予備機の本来目的を踏まえた上でどう有効活用し、子どもにより良い学びを保障できるか。関係者でアイデア出ししながら、是非ともフルに購入頂きたいと思います。

また、共同調達の会議では端末だけの議論を行わないことが肝要と考えます。第1期で適切な整備と運用を行った自治体の関係者の知恵を十分に取り入れ、残念ながら取り残されてしまった自治体の課題を分析し、第2期全体をトータルデザインする必要があります。その意味では、GIGAはクラウド活用が肝ですから、それを可能にするネットワーク回線速度も是非セットで議論頂きたいと思います。端末を十分に活用している授業の実測デ

学校のネットワークの現状について

ータをもとに、学校規模ごとに１校当たりの帯域の目安（当面の推奨帯域）を定めて推計した結果、当面の推奨帯域を満たす学校は２割程度に留まること、特に学校規模が大きくなるほど当面の推奨帯域を満たす学校の割合が少なくなる傾向があることが明らかになりました（詳しくは欄外のＱＲコード参照）。一方で、帯域確保型の回線契約を安価に結んでいるケースやベストエフォート型でありながら十分な速度が出ているサービスをうまく契約している事例も相当数あります。

今後、端末活用が進めば進むほど回線負荷は重くなります。デジタル教科書の本格導入、全国学力・学習状況調査のＣＢＴ化なども控えています。国においては回線契約コストを地方交付税措置するとともに、ネットワークアセスメントへの財政支援や、回線契約の見直しや自治体職員の専門性向上を推進しているところですが、各自治体においても広域調達・共同調達を含めて必要な改善をスピード感もって進めて頂く必要があると思います。また、端末の補助対象に含まれていないソフトやアプリについても、共同調達でコストを抑えるとともに効率的なサポート供給につなげていくことも考えられます。その際、いわゆる「デジタル一斉指導」を強化しないような賢い選択と適切な運用が必要です。こうしたことも含めて、ＧＩＧＡ第１期における先進自治体の関係者や有識者の知見を十分に踏まえ、教育論に基づく調達をその後の運用とセットで議論いただきたいと思います。くれぐれも安易な継続性重視に陥らず、端末とクラウドが当たり前のように使われる状態を実現し、学びの保障や個別最適な学び・協働的な学びの実現、働き方改革の加速につなげて欲しいと思います。各事業者は、こうしたＧＩＧＡスクール構想の原点に立ち返って商品・サービスをご提案いただきたいと思います。

第二に、教育データの利活用を促進する必要があります。データ利活用については文部科学省の総合教育政策局がデジタル庁とも連携しながらデータの標準化を進めるとともに、初等中等教育局が当面の課題として校務系と学習系のネットワーク分離を解消し、データ利活用が可能なクラウドベースでの次世代型校務システム構築に向けた取組を進めているところです。その際、マクロのデータの話になりがちで、一部の現場からはデータ利活用への忌避観が出ていることに留意する必要があります。児童生徒の学習データが日々の指導や学校経営に役立つ確かな実感が得られるようなスモールスタートを進めつつ、並行して学校や地域の枠を超えた大きなデータの活用にも生かしていく……二つの取組を同時並行的に進める必要があると感じています。また、こうしたデータ利活用を可能とする新たな仕組への SHIFT に向けた支援スキームも重要な検討事項です。

第三に、このこととも関わりますが、ＡＩドリルや授業支援ソフト、プログラミングや探究に関わるデジタル教材の扱いについても検討する必要があります。現状のまま、原則オプショナルという扱いでよいのか。そうでないとすれば何がマストで何はオプションと位置付けるべきなのか。

現実には、クラウドとＧＩＧＡ標準仕様、標準的に搭載されているソフトウェアで十分にできることをあえて有償アプリを導入して無駄遣いをしてしまっている事例、多様なアプリを入れすぎて現場が使いこなせない中で、活用率を上げるように財政当局から圧をかけられて学校が混乱している事例、前述のようにデジタル一斉指導のような旧来型の教育の維持・強化にアプリが機能してしまっている事例もあるため、一概に全てを支援対象にすべきとは思いませんが、検討が必要な課題と考えています。

第四に、教育とテクノロジーのSHIFTという本書のテーマに立ち戻った場合、諸外国や国際機関の動向をしっかりとおさえ、独自性・先進性を発揮しつつもガラパゴスにならないようにしていく必要性を痛感しています。例えば、生成ＡＩの教育利用については、文章生成系ＡＩが単体で出ていた当初から大きく様変わりをしており、マルチモーダル化が進み、標準的なビジネスアプリでＡＩが機能するようにもなってきています。また、Ａ

子供たちと教師の力を最大限に引き出すためのデジタルを活用した教育の充実

ＰＩ連携で様々なアプリがリリースされており、年齢制限も有名無実化しているとの指摘もあります。諸外国でも様々な議論が蓄積されてきています。これらを不断にレビューしつつ、改善に活かしていく必要があります。そもそも、１人１台端末を文房具として使うということは、非連続ともいえるほどのデジタル技術の進展と常に向き合って教育の在り方をアップデートしたり、必要なガイダンスを施したりしていかなければならないということです。これは口で言うほど簡単なことではありません。これらを十全に行うためには広域教育行政の体制増強（デジタルシフト）も必要と思います。

　第五に、国・自治体における教員研修の充実が必要です。現在国では毎年ＩＣＴ関係の研修を受ける教師の割合を100％にするというＫＰＩを掲げていますが、それだけで十分ではありません。例えば指導主事の学校訪問をみると、まるで端末がそこに存在しないかのような助言が沢山あります。クラウドを十全に活用した学びと教えの変革に重点を置いて、従前のモデルからの脱却を図る必要があります。また、各教育委員会においてＩＣＴが数ある研修の中の一つに留まっているのも課題です。教科の研修だろうが、生徒指導の研修だろうが、学校経営の研修だろうが、そこにＩＣＴとクラウドが自然に溶け込んでいるべきです。ＩＣＴは分野ではなく、インフラなのです。だからこそ、国は中央教育審議会に

デジタル学習基盤特別委員会
（文部科学省）

「デジタル学習基盤特別委員会」を設け、横串を刺した議論を始めたわけです。

国ではオンライン・オンデマンドの学習会を充実させており、最近では1000人、2000人、3000人という規模で希望者を対象とした研修をおこなっています。ごく限られた先生を集めて研修を行い、その成果を各地域や各学校に持ち帰って還元する「トリクルダウン方式」を全否定するつもりはありませんが、多くの場合は大して広まらず、資料が庁内・校内で回覧されるだけだったり、直近の還元機会が随分先だったり、それも5分とか10分のような限られた時間だったりする中で、劣化コピーを生んできたりしたのではないでしょうか。意味の含有率が高い充実した講義や資料が原典として存在するのに都道府県レベルや市町村レベルになると極端に希釈された数枚のリーフレットに変換され、それを「下ろす」研修や会議がおこなわれる…そんな例を沢山見てきました。「原典」が本当に良いものであれば、同期・非同期含めて皆で見られるようにすべきだし、そもそも皆が聞きたいと思う珠玉のコンテンツだけが同期・非同期の両方で提供されるべきです。誰も聞いていない終わりとはじめの挨拶や定型的な謝辞、意味の含有率が低い通り一遍の行政説明や講義は、国・県・市町村の各レベルで廃絶させるべきではないでしょうか。

教員養成の講義や演習においても1人1台端末とクラウド環境を当然の前提にした教育

が行われている例はまだ一部に留まるとみています。そもそもネットワーク環境、クラウド環境は十分整っているのか、多様なデジタル教材は整備されているのか、TPACK(Technological Pedagogical Content Knowledge)のような考え方に基づいた養成カリキュラムの検討、教育工学をはじめ関連分野の教員が実際に配置されているのか、実務家教員の採用においてGIGA実践の有無は考慮されているのか……、見直さなければならないことは山ほどあるように思います。

おわりに

学校・教師は本質的に、児童生徒に「変わり続けること」を求める存在です。その学校・教師自身が変化を忌避している自己矛盾は多くの実践家や研究者から指摘されてきました。もとより、今までのやり方を捨てなければならない「アンラーン」の営みには痛みが伴います。そもそも、成長途上にある児童生徒に生身で向き合う現場は多忙を極めています。単発の指導助言だけで変容をもたらすことは容易ではありません。

そんな学校に「変化し続ける存在」である端末やソフトウェアをインストールしたことのインパクトは極めて大きなものがあります。GIGAを大きな契機として、行政・学校・教師が自らをアップデートし続けることを「ニューノーマル」にしていきたい。このことは、もしかしたらこの構想の隠された本質なのかもしれないとすら思います。本書のテーマである教育とテクノロジーのSHIFTはあまりに大きなテーマですし、何よりも変化が激しすぎるため、具体的な提案はすぐに陳腐化してしまいそうです。しかし、学校や教師、そして教育行政が変化し続けることをシステムにインストールし、政策や実践を積み上げていくことが、変化の時代の子どもたちを育てる上で重要と思うわけです。

ＧＩＧＡスクール構想第１期の最終年であり、多くの自治体が更新端末の調達を控える２０２５年は「昭和100年」に当たります。昭和にタイムスリップしたかのような学校をこの間になくしたい。そして、デジタルを十全に活用し、先生方も働きやすく、多様な子供たちももっと自由にのびのびと学べる包摂的な学校を増やしていきたいと強く願います。

注

（１）加藤幸次（２０２３）「第６章　個別化・個性化教育の推進」奈須正裕・伏木久始編著『「個別最適な学び」と「協働的な学び」の一体的な充実を目指して』北大路書房、133頁を参照

（２）近藤武夫（２０２３）「通常の学級での特別支援教育へのテクノロジーの影響①」『教職研修』２０２３年８月号、教育開発研究所、pp.104-105

アクション編 2

学びの Side by Side の更に先へ

東京学芸大学附属小金井小学校教諭／慶應義塾大学非常勤講師
鈴木 秀樹

Face to Face の教育

大学院時代、読み漁っていた書籍にイヴァン・イリイチの一連の著作があります。『コンヴィヴィアリティのための道具』『シャドウ・ワーク』『エネルギーと公正』等々。その中でももっともショッキングであり、かつよく読んだのは『脱学校の社会（Deschooling Society）[1]』でした。

イリイチの思想はなかなか奥が深くて、私が十分に理解できているかどうかは不安なのですが、肝になっているのは、「学びは学校で受けるもの」「人は学校でしか学ぶことができない」といった思い込みを捨てて、「学び」を自分の手に取り戻すことが大切だ、「学び」は本来、もっと自律的なものだ、ということであるように理解しています。

確かに私たちには「学び」とは「学校で与えられるもの」と思いがちなところがあるのではないでしょうか。あるいは「学校で先生に教えてもらう」ことによって「学び」が実現されるのだと。それが進んで「学びは学校でしかできない」と思い込んでしまっている場合もあるでしょう。

それは仕方のないことかもしれません。何しろ学校は「いつ」「どこで」「誰が」「誰から」「何を」「どのように」学ぶかが全て定められていて、実に効率的に「学び」が量産されていくシステムになっているのですから。おまけに、現代社会においては、ほとんどの人がこの学校というシステムを通ってきているわけです。「学び」とは「学校で与えられるもの」という考えが定着しているのも無理はないでしょう。

更にこの考え方を強固なものにしたのが「どのように」の部分、つまりどのような授業スタイルだったか、ということです。

ある一定の年齢以上の方にとって、「授業」と言ったら次のようなイメージではなかったでしょうか。

先生が前に立って板書しながら話すのが基本。授業中、数人の子が発言して先生はそれを板書に加えていく。その他大勢の子どもは必死に板書を写すだけだけれど、ちゃんと書き写せば勉強したことになる。

私の子供時代はまさにこうしたスタイルの授業がほとんどでした。教師と児童が常に向かい合って授業が進行するスタイル。これをFace to Faceの教育、としておきましょう。

学びのSide by Sideへ

こうした授業に全く価値がないわけではありませんし、今だってそうやって進める授業もなくはないわけですが、現行学習指導要領で主体的・対話的で深い学びが打ち出されて以後、教師が話すだけに終始する授業はかなり減ったのではないでしょうか。子どもたちが話し合い、お互いの意見を交換して考えを深めようとする場面がない授業というのは、今やなかなか見ることができないのではないかと思います。

その流れを後押ししたのがＧＩＧＡスクール構想によって学校に配備されたタブレット端末です。

例えば、国語の授業。「ごんぎつね」「大造じいさんとガン」「やまなし」といった昔からの定番教材の中には、現代の児童には馴染みのない言葉が含まれていることがあります。

「ごんぎつね」に出てくる「はりきりあみ」もその一つです。教科書では、本文の下の方にイラストがありますが「どういう仕組みで魚をつかまえるものなのか」までは書いてありません。

かつての授業では、先生が説明してくれるまでは「はりきりあみの仕組み」を知ることはできませんでした。しかし、「ごんぎつね」において「はりきりあみの仕組み」はそこまで重要なトピックではないために、特段の説明をされることもなく授業が進むことも少なくないでしょう。

すると児童はどうなるか。「はりきりあみってどういう仕組みなのだろう？」と疑問を抱いても、先生が説明してくれなければ、それを知ることはありません。そして、そういった「疑問を抱く。けれど、授業でその答を知ることはない」という経験を積み重ねるうちに「疑問を抱く」ということをやめてしまいます。知的好奇心の減退を招くと共に、児童は知らず知らずのうちに「学校の授業とは、先生が『ここが大切』としたことを教わる場であり、自ら疑問を抱いて解決していく場ではない」と学んでしまうわけです。

しかし、タブレットを手にした児童は違います。先生が授業を進めていても、自分が「はりきりあみってどういう仕組みなのだろう？」と疑問を抱いたら、タブレットで検索をかければいいのです。

こうした実情を苦々しく思う向きが一定数いらっしゃることも承知しています。「先生が授業を進めているのに、それを聞かないで勝手に自分の知りたいことを検索しているなんてけしからん！」というわけですね。その気持ちもわからないわけではありませんが、しかし、それはやはりFace to Faceの教育の呪縛に絡め取られているのではないかと私は思います。

児童が「知りたい！」と思った時に自分で調べて知ろうとする。それ自体は本来、望ましいことのはずです。今や、児童はそのためのデバイスも手にしているのですから、むしろそうした主体的な動きを見せることの方が普通と考えるべきでしょう。

「いつ」「どこで」「誰が」「誰から」「何を」「どのように」学ぶか全て定められているのが学校だ、教育だと考えていたら、この動きは受け入れがたいものかもしれません。しかし、学びとは本来、自律的なものであるべきだと考えるのであれば、そうした児童の動きは望ましいものと捉えられるでしょう。

「いつ」「どこで」「誰が」「誰から」「何を」「どのように」学ぶかの全てを児童が決めることは無理だとしても「私が、今、はりきりあみの仕組みを、タブレットで検索して学びたい」という想いは実現されてしかるべきでしょう。

では、そうした時代にあって、教師はどのような態度でいるべきでしょうか。教師に求められる役割とはどのようなものでしょうか。

「一人ひとりの児童の学びに寄り添うこと」に尽きると私は考えています。タブレットを手にして主体的に学ぼうとしている児童の前に立って「ああしろ」「こうしろ」と指示するのでは学ぶ意欲を潰すことになりかねません。自分から学ぼうとしている児童の傍らに寄り添うこと、それこそが教師の取るべき態度でしょう。

この教師のスタイルのシフトを、私は「**Face to Face の教育から、学びの Side by Side へ**」と表現しています。これこそがＧＩＧＡスクール時代の教師が取るべき態度だと思うのです。

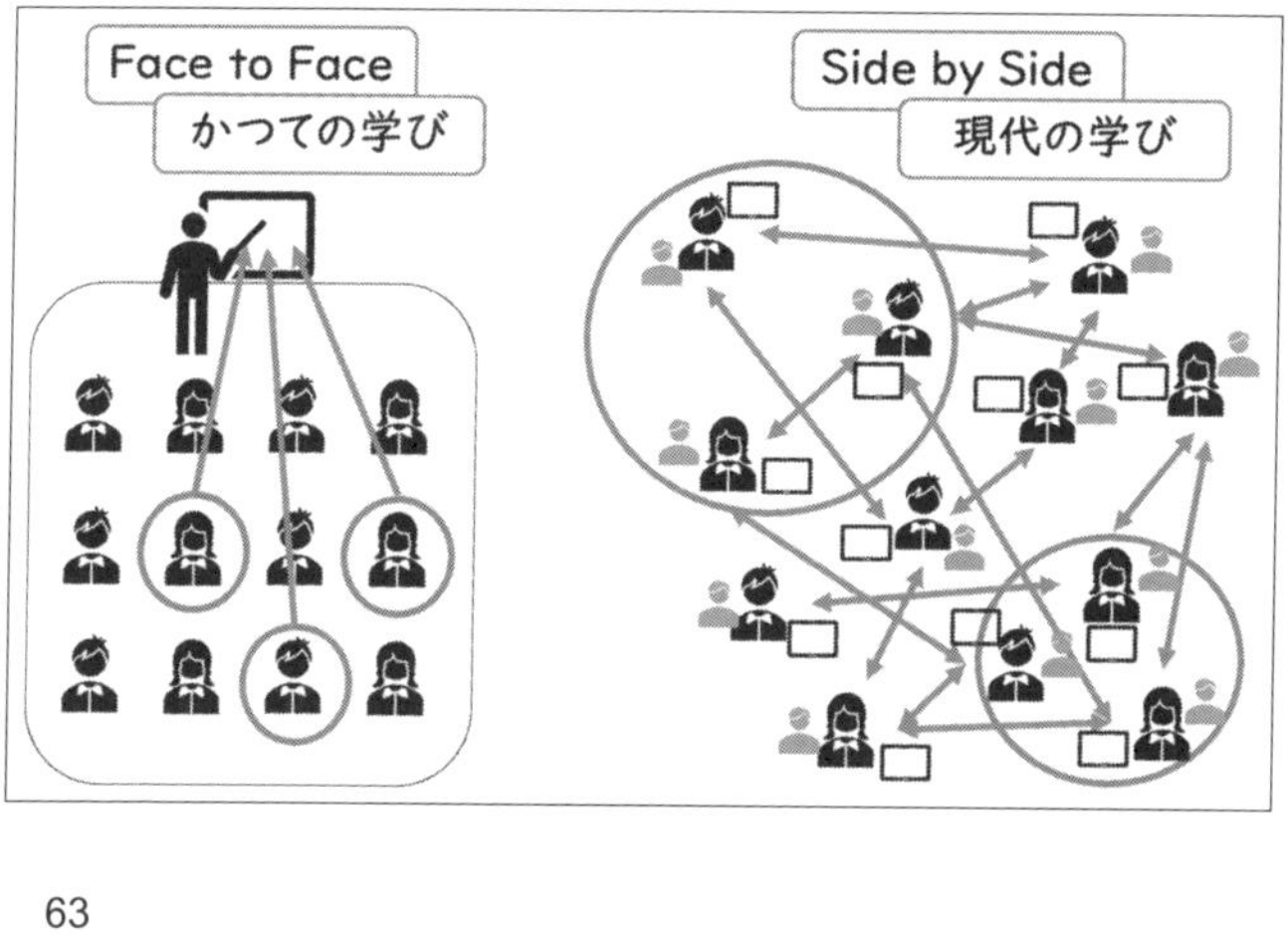

寄り添うポイントは見方・考え方

「Face to Faceの教育から、学びのSide by Sideへ」と言うと何だか耳障りが良いし、児童が主体的な学びに寄り添うというのも基本的には良いことのように思えます。しかし、では具体的に「児童の学びに寄り添う」とはどういうことでしょうか。

そのことを考える前に、今一度、大枠から考えてみましょう。私はイリイチを引き合いに出しながら、「いつ」「どこで」「誰が」「誰から」「何を」「どのように」学ぶかがガッチリと決められているのが近代学校の特長であることを押さえたうえで、GIGAスクール構想によって学校に配備されたタブレットがその枠を揺り動かしつつあること、それに伴って教師の役割も変わらなければならないことを指摘しました。

実はこの発想は、「個別最適な学びと協働的な学びの一体的な充実」の考え方と軌を一にするものであると私は考えています。

「個別最適な学び」は「指導の個別化」と「学習の個性化」を学習者視点から整理した概念ですが、このうち「学習の個性化」は「子ども自身が学習が最適となるように調整」することが大切とされています[2]。

しかし、これは児童にとってなかなか難しいことであると言わざるを得ません。「いつ」「どこで」「誰が」「誰から」「何を」「どのように」という観点から考えてみましょう。「誰が」はもちろん「私が」となるわけですが、では「いつ」学ぶのが最適なのか。普通の授業時間でいいのか、それとも授業時間とは関係なく自分の学ぶ時間を取るべきなのか、家に帰ってからするべきなのか。「いつ」だけでも考えることはいくらもあるわけで、それら全てを児童が決めるのはなかなか厳しいでしょう。

だからこそ一先ず学校という枠が必要なのだろうと思います。その枠の中で徐々に「学習が最適となるように調整」することを学んでいき、最終的には自分で自分の学びを組み立てられるようになるのがゴールです。

この「学習が最適となるように調整」することのうち、もっとも難しいのが「どうやって」の部分でしょう。先の「はりきりあみの仕組みを調べる」くらいのことであれば、「検索して信頼性の高いＷＥＢサイトの情報を読む」で済むでしょう。しかし、例えば「『大造じいさんとガン』で、ハヤブサと争っている残雪を見て大造じいさんが銃を下ろしたのはなぜかを考える」といった高度な課題になってくると、ただ検索して済むというものではなくなってきます。

この時、重要なのが「その教科の見方・考え方を働かせる」ということでしょう。児童はそれまでに積み重ねてきた学習で、その教科の見方・考え方というものをある程度、身につけているはずです。それを使いこなして課題を解決していくことが大切なわけですが、これは児童にとって必ずしも簡単なことではありません。

「忘れてしまっている」ということもあるでしょうし、「覚えてはいるけれど、今回の課題にうまく転用できない」ということもあるかもしれません。そういうときにこそ、教師は児童の学びに寄り添うべきでしょう。「前に読んだあの物語のとき、主人公の気持ちを考えるうえでのヒントになったのはどんな言葉や文だったかな?」というようにヒントを出し、児童が適切に教科の見方・考え方を使えるように導いていく。「学びに寄り添う」とは、例えばそういうことです。そうしたことが現代の教師にとっては大きな役割となっているのです。

生成AIを活用した実践

GIGAスクール構想によって学校に配備されたタブレットが、教師のあり方や児童の学びのシフトに対して非常に大きな影響を与えていることがおわかりかと思います。そこに、更に大きなシフトを迫るテクノロジーが登場しました。そう、生成ＡＩです。

二〇二二年の秋に登場したChatGPTをはじめとする生成ＡＩは、大げさでなく世界の成り立ちを変えつつあるように思います。「画期的なテクノロジーだ！」と興奮する人、「これは人類にとっての大きな脅威だ」と警戒する人、様々な立場の人がいますが、教育現場では困惑が広がっているように見えます。

「レポートを書いて、と命令したら書いてくれてしまうのでしょう？　だったら、これからはどうやって宿題を出せばいいのですか？」

「あんなひどい間違いを出してくるものを授業で使うわけにはいかない！」

「ＡＩを使うようになると、人間はどんどん考えないようになっていくのではないでしょうか…」

そういった声が渦巻いているようです。私としては、「児童を考えさせるまたとないツールができた」と思っているのですが、それはどういった授業によるものなのか。私の実践を一つ紹介しましょう。

小学校四年の国語「ウナギのなぞを追って」（光村図書）の実践です。「ウナギのなぞを追って」は、ウナギがどこで卵を生むのかという謎を長年にわたって追い求めた研究者の苦労と喜びを織り交ぜながら研究の歩みを描いた説明文で、「自分が一番、興味をもったことを中心に要約して紹介する」ということが単元の中心的な活動になります。

と言っても、いきなり「あなたが一番興味をもったことを中心に要約しなさい」と指示を出すだけではどうにもなりません。「興味をもったことを中心に要約する」とはどういうことかについて考えるウォーミングアップが必要です。そこに生成ＡＩを活用しました。

まずは、前時のふり返り。児童が書いた「ウナギのなぞを追って」の感想を紹介しながら話を進めます。

「例えば『ウナギがこんな深い謎に包まれていたのにこれを解き明かそうとする塚本勝巳さんたちがすごいと思いました。』と書いていた人は『塚本さん』に興味があったわけだよね」

児童は、ふんふんと頷きます。

「あるいは『なぜ、ウナギは新月の日の近くに、卵を産む習性があるのかも知りたいと思った。ウナギには謎がいっぱいあるなと思った。』と書いていた人は『ウナギ』とか『謎』に興味があるわけだ」

これにも児童は納得した様子で頷きます。

「ということで、今回は『あなたが一番、興味をもったことを中心に要約する』ということに挑戦するわけだけれど…」

もったいをつけて問います。

「一番、興味をもったことを中心に要約したら…要約って変わるのかな？」

ざわざわする子どもたちに言います。

「これを要約名人にやってもらって試してみようと思います」

「AIだ！」

「その通り。AIにやってもらいましょう、と言うか、もうやってもらいました。プロンプト[3]はこれです」

この文章は、小学校４年生の国語の教科書にのっているものです。

この文章を元にして、「〇〇〇」に興味をもって要約文を作成してください。

要約は、難しい表現はさけ、この文章に出てくる表現や文章を中心に、小学校４年生が書くような文体で書いてください。

「要約は三つ作りました。今日は、それぞれの要約を作るとき、『〇〇〇』にどんな文・言葉を入れたかを当ててもらいます」

授業の構造はおわかりいただけたでしょうか。教育への生成AI導入に関しての懸念が表明される際に「国語で要約を学習させようと思っても、すぐに生成AIに要約させて終わらせてしまい、学習にならないのではないか」といった例を聞くことがありますが、それを逆手に取るような構造にしてみたわけです。

児童が課題を理解したところで、三つの要約を発表します。それぞれ、以下のようなものでした。

要約A

塚本さんたちのチームは、ウナギの謎を追い求め、長い年月をかけて研究しました。マリアナ海で、ウナギの赤ちゃん「レプトセファルス」を捕まえ、その生まれた場所を探し出すために、たくさんの調査をしました。新月の日や海山の近くでウナギのたまごを見つける手がかりを見つけ、ついにウナギの産卵場所を発見しました。研究者たちの苦労と喜びがたくさん詰まった大切な発見でした。

要約B

ウナギのたまごを産む場所を探すため、研究者はマリアナの海に調査に行きました。長い時間をかけて、ウナギがたまごを産む場所がマリアナ諸島の近くだとわかりました。ウナギの赤ちゃんであるレプトセファルスを追い求める調査で、たまごを産む場所が特定され、ウナギが新月の頃に一斉にたまごを産むことも発見されました。しかし、ウナギの生態にはまだ解明されていない謎が多く残っています。

要約C

この文章は、ウナギの生態に関する長期的な研究を紹介しています。研究者たちは、ウナギがどこで卵を産むのかを解明するために、何十年もの時間をかけて、小さなウナギの赤ちゃん、レプトセファルスを追い求めました。海流の方向に従って南へ東へと探索範囲を広げ、より小さなレプトセファルスを発見するたびに、ウナギの産卵場所に近づいていることがわかりました。最終的に、海山と新月が産卵に重要な役割を果たしていることが明らかになり、長い年月をかけた研究の成果が実りました。

この三つの要約を示された児童はグループで話し合いを進めます。中にはうまく話し合いを進められないグループもあったので、そういうところには少しアドバイスをしましたが、そうでなければ各グループを回って「ふーん」「ほー」と言うだけです。

児童はＡＩが出してきた三つの要約文と、それを導き出してきたプロンプト、そしてもちろん「ウナギのなぞを追って」の本文を必死に読み比べながら手がかりを探していきます（正直なところ、これだけ真剣に教科書の本文を読み直しているのであれば、もう国語の学習としては十分ではないかと思えたほどです）。

次はどんな意見が出たかを全体で共有します。

「要約Ａは『研究者のこと』ではないかと思います。だって『長い年月をかけて研究しました』って書いてあるから。」

「要約Ｂは『ウナギの産卵場所』だと思います。そこに至るまでのことが書いてあるからです」

「いや、要約Ｂは『ウナギの生態にはまだ謎がある』だと思います。最後に『しかし』として書いてあることではないですか？」

「要約Ｃは『ウナギの産卵場所』だと思います。場所や日時が書いてあるからです」

「あれ？　さっき、Bが『産卵場所』って言っていた人もいたよね？」

　ある程度意見を聞いたところで今度は各自の考えをオンラインフォームに書き込ませて全体的な傾向を確認したところで答の発表です。

「要約Aは『塚本さんたち研究者の苦労と喜び』、要約Bは『レプトセファルスの旅』、要約Cは『長い時間をかけて謎が解明されていったこと』でした」

　もし「生成AIを授業で活用すると児童が考えなくなる」のであれば、こうして正解を発表すれば授業は終わりとなるでしょう。しかし、実際にはそうなりません。児童の間に何とも言えない消化不良感がただよっていたからです。中でも、いかにも「納得がいかない」という顔をした児童がこう言いました。

「要約Bが『レプトセファルスの旅』が答ということでしたが、要約Bには『旅』などという言葉はどこにも出てきていないからビックリしました」

　この発言を受けて、私から児童に問いました。

「今、○○さんが言ったことは、AIは『レプトセファルスの旅』に興味をもって要約したようには思えないぞ、ということだよね。つまり、AIの要約、ダメじゃないか、納得がいかないぞ、と言っているわけだよね？」

やはり消化不良感を抱えている児童が（うん、そうだそうだ）という顔をして頷きます。そこに更に問いかけました。

「では、この要約B、どこをどう直したら納得がいくかな？　グループで話してみて」

その後は各グループで「ここをこうしたらいい」「あそこはこの方がいいんじゃないか」とかなり熱心に話し合っていました。そのアイディアをちょっと聞いたところで45分が終了。私から、「ＡＩは、プロンプトを投げ込めばさっと要約文を出してくれてすごいのだけれど、本当にそれでいいのかどうか、考えてみることって大事だね」という話をして授業を終えました。

本当は「プロンプトをどう改良したら、もっといい要約になるかな？」という問いも用意していたのですが、そこまではいきませんでした。でも、いいのです。児童は国語の見方・考え方を働かせて課題の解決に取り組んだのです。国語の授業としての目的は十分に達成していたと言っていいでしょう。

より思考するシフトを目指して

この実践には一つ、カラクリがあります。そう、「生成ＡＩの活用」と言っておきながら、児童は生成AIを操作していないのです。私が生成AIを操作して生成させた三つの文章を読み比べただけです。

これは「十三歳未満は利用不可」という ChatGPT の利用規約があるからなわけですが、実は十三歳未満であっても保護者の許諾を得ていれば児童が自分で操作できる生成ＡＩはいくつもあります。そうしたものを使わなかったのには理由があります。

いつ、児童に生成ＡＩを直接、操作させるか。私の考えは、授業の中で教師がＡＩを操作し、それが教科の目的を達成するのに有効に機能するところを見せながら、児童に「そうか、生成ＡＩはこういう性質をもっているのだな」と感覚的につかめるまで十分に体験させた後だろう、というものです。

例えば、生成ＡＩに触れたばかり、どういったものなのかがまだよくわかっていない。そういう段階の児童に、この「ウナギのなぞを追って」の授業で生成ＡＩを使わせたらどうなるでしょうか。それこそ、私が生成させた三つの要約文を読み込ませて「○○○に当てはまる言葉を教えて」と入力して出てきた答を「はい、わかりました」と言って終わりになりはしないでしょうか。

あるいは、児童に自分で三種類の「○○○に興味をもって」というプロンプトを打ち込んで要約文を生成させたらどうなるでしょうか。出力されてきた要約文を読んで「やはり生成ＡＩの要約にはこういう問題点がある」というように考えられるかと言ったら、それはなかなか厳しいのではないかと予想します。

要約文とプロンプト、そして元のテキストを友達と読み込んであぁだこうだと議論する。そういう方が「自分が一番、興味をもったことを中心に要約する」という教科の目標達成への近道であるように思いますし、それを通して「生成ＡＩの性質」を正しく理解することにつながるのではないでしょうか。

そう、大切なのは「教科の目的達成に生成ＡＩを有効活用する」ということなのです。なぜなら、教科の授業こそが児童にとってもっとも思考力を要求される場面だからです。「総合的な学習の時間」でお試し的に生成ＡＩを活用するのも悪くはありませんが、それは年間何時間取れるのでしょうか。それよりも、国語や社会といった週に何時間もある教科の授業で普通に生成ＡＩを使って教科の目的達成に役立たせることの方が有効です。

そういった場面を見ることで、児童は自然と「そうか、生成ＡＩを上手に使うためには、まずは自分に『これが知りたい』『これを解決したい』という強い意志がないとダメだな」ということを学んでいくでしょう。単に「答が知りたい」という浅い気持ちだけでは、事実と違う答を出してくることもある生成ＡＩを上手に使いこなせないということをつかんでいくはずです。

児童に生成ＡＩを実際に操作させるのは、そうやって生成ＡＩのメリットとデメリットを理解した後で全く遅くないと思います。と言うか、そういう段階を踏んでからでないと、生成ＡＩは児童の学びに間違ったシフト（より考えなくなる、より「答さえ出ればそれでいい」というシフト）を起こす危険性すらあるでしょう。

逆に、きちんとした経験を積んだ後であれば、生成ＡＩは児童にとって強い味方になるはずです。「自分はこれを追い求めたい」「自分はこれを解決する最善の方法を見つけたい」といった強い思いをもった児童は、生成ＡＩをパートナーとして、自分の学びをどんどん深めていくことができるでしょう。それこそがイリイチが主張した自律的な学びなのではないでしょうか。

ＧＩＧＡスクール構想によって学校に配備されたタブレットは「Face to Face の教育から学びの Side by Side へ」というシフトを引き起こしました。そして今、生成ＡＩが児童の学びに更なるシフトを引き起こそうとしています。ただし、「より思考し、より探求する」方向にシフトするか、それとも「より考えない、より安直に答を求める」方向にシフトするかは、これから数年間の教育にかかっています。

現代の教師は、好むと好まざるとにかかわらず、非常にチャレンジングな局面に立ち会っているのです。

注

（1）イヴァン・イリッチ／東洋・小澤周三訳（1977）『脱学校の社会』東京創元社

（2）文部科学省（2021）「学習指導要領の趣旨の実現に向けた個別最適な学びと協働的な学びの一体的な充実に関する参考資料」

（3）この実践では「ウナギのなぞを追って」の本文をChatGPTに読み込ませているが、その際、SettingsのData ControlsでChat History & Trainigをオフにしていること、及びオフにしていることを児童にも説明していることを付記しておく。

Chapter 2

「学び」のSHIFT

変わる・変える授業デザイン

「学び」のSHIFT

変わる・変える授業デザイン

ビジョン編 1

SCHOOL SHIFTに向けての授業創造のデザイン論

慶應義塾大学名誉教授／PEN言語教育サービス代表
田中　茂範

はじめに

２０２２年11月にChatGPTのプロトタイプが公開されて以来、瞬く間に生成ＡＩの応用可能性に関する期待が広がっています。教育分野に限ってみると、教材開発をはじめとするコンテンツ創造、ある見解に即時フィードバックを与えてくれるチュートリアル、簡便な形であれば可能な自動評価など利点があり、教育における利用価値が高いことは間違いないでしょう。しかし、生成ＡＩは、ポジティブな教育変革を引き起こすでしょうか。

この問いについては、本質的な変革には繋がらないというのが筆者の考えです。

周知の通り、学習には認知の側面と社会情意の側面があります。生成ＡＩには、**社会情**

意的な側面が欠如しています。学習において不可欠なのは、心の通ったやりとりです。生成ＡＩは、感情的な思いを抱きながら、外界を歩き回り、思いがけない視点をもって風景を見ることはありません。このことは翻訳の限界として現れます。**文脈内の意味づけをすることが苦手**ということです。このことは翻訳の限界として現れます。例えば、「古池や　蛙飛び込む　水の音」という俳句を英語に翻訳するとしましょう。生成ＡＩができることは、字面を英語に置き換えるだけです。この俳句から浮かび上がる情景を立体的に描きながら英語にするのではありません。つまり、文脈内で「悠久の時の流れ」や「静寂の中の出来事」などといったしなやかな意味づけをすることは生成ＡＩにはできないということです。

学習の認知面についてはどうでしょうか。ＡＩが生成する「回答」にはバイアスがあることが知られています。そして、バイアス問題は、情報の妥当性・信頼性にかかわることから、教育的観点からは看過できません。仮にこのバイアス問題が大量のデータと学習を通して解決したとしましょう。バイアスがなくなるということは**標準化された「正解」**が得られるということです。しかし、標準化された回答からは、教育の本丸である独自性や創造性が生まれてこない、という問題が出てきます。

このように、教育ＤＸの旗印として生成ＡＩが脚光を浴びていますが、**有意義な授業創**

造の観点からすれば、その可能性は限定的であると言わざるをえません。

OECDの学びの羅針盤

先に、「有意義な授業創造」というコトバを使いました。何をもって「有意義」とみなすかは人それぞれで一義的に定まるものではありません。ここでは、OECDのEducation 2030の象徴である「学びの羅針盤（Learning Compass）」を参考に教育目標を見てみましょう。この羅針盤では、教育の**高次の目標をウェルビーイング**に置いています。個人のウェルビーイングだけでなく、社会のウェルビーイング、そして地球のウェルビーイングが想定されているのです。人間だけではなく、循環する有限の世界を構成するありとあらゆるものが「良好な存在のありよう（well-being）」を達成し、それを何とか持続可能なものにしていこう、という壮大な目標です。

しかし、こうした目標に向けて進むべき予定調和的シナリオは存在しません。実際、OECDではこれからの世界をvolatile（揮発性の、変わりやすい）、uncertain（不確実）、complex（複雑）、ambiguous（あいまいな）、（VUCA）と特徴づけています。つまり、**予測できない、不確実性の高い世界が待ち受けている**ということです。

そうした世界にあって、「学びの羅針盤」では、生徒一人ひとりがたくましく、そしてしなやかに生きていくための鍵概念として**「生徒のエイジェンシー（student agency）」**にスポットライトが当てられています。ここでいうエイジェンシーは、「目標を設定し、責任を持って、主体的に行為することによって変化を起こす力」のことを指します。そして、生徒一人ひとりのエイジェンシーは、**他者のエイジェンシー（co-agency）との相互作用を通して力を発揮し、さらに育つ**というのが羅針盤の要諦です。他の生徒、教師、親、コミュニティの人々など他者との社会的関係や協働作業が、生徒自身のエイジェンシーのエンパワーメントには欠かせないということです。これは、学びとは他者との社会的相互作用を通した共同構築であるというヴィゴツキー（Lev Vygotsky）の社会的構築主義と軌を一にするものです。

上記の考え方を一言でまとめれば、生徒が学びの「主役」であると同時に、社会的相互作用としての「協働」が鍵になってくるという考えが背後にあります。

生徒が主役

生成ＡＩへの依存度が高くなれば、使用者の思考力や表現力が育たない、と言われます。

ＯＥＣＤの学びの羅針盤が示唆している通り、生徒が「学習の所有権（ownership of learning)」を握っているのです。生徒たちが学習のあり方について発言し、関心のあるテーマを選び、調査する方法を決定するということです。生徒が学びの中心となる授業とはどういう授業でしょうか。生徒の主体性という観点から特徴をリストすれば以下が含まれます。

①**質問と好奇心**（Questioning and Curiosity）：生徒中心の授業において、生徒は、自分の周りの世界について疑問を持つ。疑問は学習の出発点となる。

②**調査と探究**（Investigation and Exploration）：生徒はトピックの実地調査と探究に取り組む。実験、データ収集、文献調査などを行い、疑問に対する答えを見つけようとする。

③**思考**（Critical Thinking）：生徒は、物事を鵜呑みにするのではなく、情報を分析し、エビデンスを冷静に評価し、その結果に基づいて結論を導き出そうとする。

④**問題解決**（Problem-Solving）：生徒は、課題に対して、協力し合って解決策を考え、仮説を検証し、知識を応用して目の前の問題に取り組もうとする。

⑤**振り返り（Reflection）**：生徒は、自分の学習プロセス、直面した課題、効果的だった戦略、そうでなかった戦略などを振り返ろうとする。

協働学習

こうした特徴を備えた生徒中心の授業の中で、協働学習あるいは協働探究が益々重要性を増しています。協働学習には、**目的指向性と連帯性**が求められます。つまり、ある目的達成に向けて協働する、連帯感を持つ３人以上が集まって共に学ぶということです。

ここで協働（collaboration）の特徴について改めて見ておきましょう。その好例としてジャズのジャムセッションを取り上げます。ジャムセッションは、テーマが告げられると後は次々と奏者たちがアドリブ演奏で曲を作っていく形態です。奏者たちが弦楽器、管楽器、打楽器などを持ち寄って集まったとします。それぞれが好き勝手に楽器を奏でたとしたら個々の奏者がどんなに名手であっても、そこに生まれるのは不協和音でしょう。しかし、一人ひとりがテーマに向けて、一つの曲を創り出そうと協働すると、思いがけないようなすばらしい音楽世界（価値）が創発する可能性があります。このことから次のことが言えます。

その一つは、協働は個が責任主体として全体を創り出す営みに参画するということです。二つ目は、協働は自律的でしなやかな主体たちによる共同作業でなければならないということです。そして、その価値は主体たちの社会的相互作用のダイナミクスから創発するということです。いわゆる**「分業」との違い**を考慮すれば、協働の特徴が際立ちます。通常の分業では、すでに決められた全体が存在し、その全体を部分に分解し、各担当者に振り当てます。そして担当者には所定の業務を忠実に履行することが求められます。各業務を再構成することで所期の全体が能率よく達成される。これが分業の考え方です。分業には、協働にみられるような**臨機応変の個性の発揮**や**思いがけない創発**は期待されません。

さて、協働学習においては、多様性が前提となります。この多様性（違い）は、豊かさの源泉であると同時に対立・もめごとの原因でもあります。そこで、協働学習においては、**ポジティブな相互依存**が求められます。そして、ポジティブな相互依存を実現するには、⑴自由で積極的な参加と対等のやりとり、⑵参加者の責任主体としての振る舞い、そして、⑶協働のための作法の順守が求められます。ここでいう**協働のための作法**は、生産的で創造的なディスカッション（協働の一形態）の要件でもあり、以下が含まれるでしょう。

✓単純な多数決で決めないで、熟議を行う。
✓どんな意見でも端から否定せず、全員の意見をきちんと検討する。
✓事実（統計、事例）と実感と共感を大切にする。
✓効果、実効性、コストなど現実性評価の観点を大切にする。

物事を多数決で決めるのなら熟議は必要ありません。そして、どうせ発言してもまともに取り扱ってもらえないという空気があれば、熟議は成り立ちません。そこで、「全員の意見をきちんと検討する」ということが必要になります。その際に、**一人ひとりが責任主体として誠実な発言を行うという前提**があります。

協働は創造的で生産的な営みです。創造は誰かの突飛な発言から生まれることがしばしばです。端から、常識に照らして的外れと思える意見を排除すれば、創造の芽は摘まれてしまうでしょう。

また、事実の提示だけではよい協働は起こりません。協働には参加者同士の共感が含まれるからです。個々人のレベルでは実感を持つということになりますが、実感が響き合ったときに共感は生まれます。そして、実効性や効果も考慮点です。アイデアの実効性が乏しいとか、効果が期待できそうにもない場合には、実感も共感も得られにくいからです。

三つの協働学習（協働探究）の型

協働は目的志向的な営みです。そして、目的によって、協働の展開の流れも違ってくることが容易に想像できるでしょう。ここでは、授業創造のデザインにおいて有用と思われる三つの探究の型を提案します。ここでは協働探究を想定していますが、探究の流れとしてみれば、個人探究にも応用が可能になります。

- **問題解決型探究**（problem-solving type）
- **立場表明型探究**（stance-taking type）
- **意味創造型探究**（sense-creating type）

それぞれについて簡単に説明しておきます。

問題解決型探究

問題解決のためには、問題の原因を明らかにし、それに対処する方法を提案しなければなりません。例えば「通学路のゴミ問題」を取り上げたとします。その原因としては、「ゴミが捨てられているところに捨てても良心の呵責が少ない」「ゴミを捨てても、ばれることはない」などの原因が思いつくでしょう。そして、前者が原因の場合は「道路に花壇を設置するなどきれいな状態にする」という対処方法があり、後者が原因の場合は「カメラを設置する」という対処方法を思いつくでしょう。これが問題解決型探究のラフなイメージです。この探究の流れをもっと丁寧に表すと四つのステージになります。

A　何であるか：現状把握（問題の所在、原因、深刻さの認識）
B　何ができるか：可能と思われる解決案の検討
C　何をすべきか：解決案の選択
D　どう実行するか：行動計画

そして、この四つのステージを8ステップのチェックリスト形式で表現しなおすと、以下のようになるでしょう。

尺度：1…全くそう思わない（該当しない）　2…ほとんどそう思わない　3…どちらかといえばそう思わない　4…どちらともいえない　5…どちらかといえば思う　6…かなりそう思う　7…完全にそう思う

A　何であるか
①問題が明確に記述されているか？（問題の特定化）
②問題の説明（深刻さや原因など）が行われているか？（問題の説明）

B　何ができるか
③可能な解決案が十分に議論されているか？（解決の可能性）
④解決案の評価（メリットとデメリット）が行われているか？（個々の解決案の評価）

C　何をすべきか
⑤妥当な解決案を選んだか？（解決案の選択）
⑥解決案で解決できそうなことと、そうでないことが評価されているか？（問題解決の見通し）

D　どう実行するか

⑦行動計画は具体的かつ実行性があるか（実行に至るための行動計画）

⑧この行動計画に対しての外部の人々のフィードバックを得る調査を行ったか

このチェックリストは、問題解決型の協働的探究をガイドするだけでなく、その結果を発表する際に、プレゼンテーションや論文の書き方のチェックリストとしても機能します。

立場表明型の探究

立場表明型の探究の場合、「原発の是非」「制服の是非」「死刑制度の是非」「ChatGPTの使用の是非」など争点（issue）があり、「それに賛成するか反対するか」について理由（根拠）を示しながら立場を明らかにするというものです。協働探究の場合には、個人の立場表明だけではなく、グループとしての合意形成を経た立場表明が求められます。このことを踏まえ、探究活動のチェックリストをまとめると以下のようになるでしょう。

個人活動（オピニオンの生成と集約と検討）

①「争点（issue）」について、個々人がグループ内で自由に意見を述べたか。

②意見はすべて文（opinion）として表現されたか。
③個々人の意見を集約してグループ内でのオピニオン・データベースを作成したか。
④グループ内の全員がオピニオン・データベースを共有し、一人ひとりが、改めてそれぞれのオピニオンについての賛否の判断を行ったか。
⑤グループ内の全てのメンバーが根拠を示しながら「是」か「非」によって立場を明らかにしたか。

グループ活動（合意形成に向けた議論）

⑥グループとして意志決定を行うにあたり、一人ひとりが自律した参加者としてディスカッションに参加できたか。
⑦個々人の立場の違いを乗り越え、グループとしての合意形成に至ることができたか。
⑧グループ内で出たさまざまなオピニオンについて外部の人々（学校内の他の生徒でもよい）はどう判断するかを調査し、その結果を受けて、グループの立場を表明したか。（検証のため必要なステップ）

一般に、ディスカッションというものは、非生産的かつ非創造的な結果に終わる傾向があります。それは、漠然と言いたいことを言うだけで終わるからです。このチェックリストには、生産的なディスカッションを行うための指針が示されています。

言いたいことを言うだけではなく、意見を**文として明示化**し、得られたそれぞれのオピニオンについて理由を考えながら個々人が判断を下します。グループのメンバー全員の**オピニオンのデータベースを作成**します。そして、すべてのオピニオンを検討し、相対的な判断の中で個々人の立場を明確にしていきます。そして、それをグループ内で開示し、今度はグループとしての立場を示すためのディスカッションを行います。ここでは高次の目的のために、参加者が自律的に、柔軟なディスカッション（協働）を行うことになります。

こうして得られた結果（グループの立場）は、オピニオンが個別に判断され、それについて根拠が述べられ、個人的判断がなされ、根拠がチェックされ、最終的にグループとして到達した合意であり、プロセスが明示的であると同時に、説得力をもつものとなります。

意味創造型の探究

意味創造型の探究は、現状分析を踏まえ、新しい視点を採用することでよりよいアイデアを創り出し、それを具現化する道を探るというものです。商品開発、制度設計、政策提言、まちづくりなどが含まれます。具体的には、以下のようなプロダクト作成プロジェクトにおいて意味創造型の探究が不可避となります。

・君たちはどんな「制服」を作るか？
・君たちはどんな「部活」を作るか？
・君たちは学校にどんな「食堂」を作るか？
・君たちはどんな「まち」を作るか？

意味創造型探究では創造力（共創力）が鍵となります。協働を通して、アイデアを創るということです。そして、アイデア創造の最大の鍵となるのは、「人は**コトバを操りつつ、コトバに縛られる**存在である」に示されたようにコトバです。つまり、コトバを操ることでアイデアは生まれますが、同時に、その操っているはずのコトバに縛られているのだということを自覚することが大事ということです。その上で、意味創造型の探究を牽引するのは何かと問われれば、以下の八つのポイントが含まれると考えます。

①常識の枠にとらわれない

②定義を変えてみる
③名詞の力：呼び方を変えてみる
④形容詞の力：形容詞による差別化
⑤助詞の力：新しい結びつきを考えよう
⑥動詞の力：動詞が生み出すアイデア
⑦スクリプト思考：関係的思考
⑧メタファーの力：新しい視点を創る

どれもコトバの操り方に関係しています。個々のポイントについての説明は紙幅の都合上割愛せざるを得ませんが、ここでは、創造的思考について最も耳にすることの多い「常識の枠にとらわれない」というポイントに注目してみましょう。「常識の枠にとらわれるな」と言われれば、誰もが「その通り」と反応するでしょう。しかし、問題は、どうやってそれを実践するか、です。

一言でいえば、常識の作り方を学び、その作り方を操作することで、常識を超え出るということになります。これがメソッドです。常識は、ほかの知識と同様に一般化・差異化・類型化の相互作用を通して作られます。

例えば「イヌ」についての常識（知識）の形成過程を考えてみましょう。幼児は、いろいろな犬を経験し、「これもイヌ、あれもイヌ」と指向対象を広げていきます。これは一般化です。同時に、「これはイヌだが、あれはネコ」とのように犬と猫を区別します。これが差異化です。一般化と差異化は、コトバと対象の関係の中で起こりますが、幼児は、一般化と差異化の作用を通して、「イヌらしいイヌ」「イヌとはこれこれしかじかというものである」という概念（類型）を脳内に形成していきます。これが類型化です。犬の（典型的な）類型（概念）を持っているおかげで、「これは変わった犬だね」とか「これは大きい犬だね」という言い方が可能になるのです。

常識の枠にとらわれない新しいアイデアは、一般化・差異化・類型化を利用することで生まれます。例えば、一般化と差異化の働きの「はざま」にあたらしい類型（中間種）を見出すことでアイデアは生まれるということです。ちょうど、黄色と緑色のスペクトラムの連続体のはざまにライム色を見出すようなものです。「はざま」に生まれる中間種の例には、以下があります。

クロワッサンとドーナツ→クロワッサンドーナツ
テニスとスカッシュ→パデル（スペイン発祥のラケット競技）
保育園と養老院→幼老複合施設
ロバとシマウマ→ゾンキー（ハイブリッドアニマル）
ブロッコリーとケール→アレッタ
経済学と政治学→総合政策学部

このように「常識にとらわれない思考」を掛け声だけで終わらせるのはなく、その方法を示すことで意味創造型の探究はその内実化を図ることができるのです。

上記の八つのポイントをチェックリストに変換すると以下のようになります。

①現状が何であるか（常識的な見方）を一般化・差異化・類型化の観点から明示化することができているか。
新しい視点で問題を捉えるため…

②-1　一般化と差異化のはざまに、新しい類型を見出したか（例　緑色と黄色の間にライム色を類型として認める）
②-2　定義を変えてみたか（例「教師は教える人である」→「教師は活動の場を作る人である」）。
②-3　名詞の力：新しい呼び名を生み出したか（例「人材」→「人財」）。
②-4　形容詞の力：形容詞による差別化を行ったか（例「時を正確に刻む時計」→「人生を共に歩む時計」）。
②-5　動詞の力：動詞に注目した新たな世界観を生み出したか（例「音楽を流す」→「音楽を身にまとう」）。
②-6　メタファーの力：新しいメタファーを創り出したか（例「地球は広大な大地だ」→「地球は宇宙船だ」）。
③新しい視点を採用した場合、魅力的な物語が展開できるか（例　それによって変わる世の中を描き出す）
④新規のアイデアは実効性があるか（具現化したイメージが出来上がっているか）
⑤外部の人（学内の他の生徒でもよい）に対して、その新規性・魅力・有効性について

確認調査をしたか（検証のため必要なステップ）

探究授業をデザインする、という課題について、多くの場合、どこから手をつけてよいかわからないという声を耳にします。本稿での論点は、探究といっても、協働の在り方によってタイプ分けが可能であるということです。ここでは、問題解決型、立場表明型、意味創造型の3つの探究型を提案し、それぞれの活動のメソッドをチェックリスト形式でまとめ上げました。これによって、探究に重点を置いた授業創造の在り方に、ある程度の方向性を与えることができるのではないかと考えています。

おわりに

いかなる形であれ、探究活動を行った主役である生徒が、**その活動を有意義と感じることが成否の鍵となります。**いろいろな生徒がおり、感じ方もさまざまでしょう。しかし、生徒たちが有意義な活動と感じるのはどういう場合かについての見通しを立てて教育実践を行うことが健全な教育というものです。

筆者は、これまでの経験から、**生徒が meaningful で、authentic で、personal と感じる**

ような教材と活動が提供されると有意義に感じる、という見解を持っています。この三つの頭文字を併せて「MAPの原理」と呼んでいます。それぞれについて簡単に説明しておくと以下のようになります。

meaningfulには「理解可能である（comprehensible）」に加え、「おもしろい（interesting）」あるいは「有用な（useful）」などの意味合いも含まれます。

authenticとは「本物である」ということで、白ける（artificial）の対極にある概念です。しかし、いくらauthenticでも理解可能でなければ、それは良質の活動にはなりえません。meaningfulであることがauthenticであることの条件であるということです。

もう一つの**personal**とは、生徒が学びの内容を自分のこととして意味づけることができるということを意味します。つまり、自分の生活や人生と無関係ではなく、自分とかかわりがあるとして学習をとらえること、これがpersonalizationということです。そして、**人はpersonalなものに興味を示すということは一般的な真理**です。

中でもpersonalな部分は、学びを自分事とするという意味において重要です。課題を自分事として捉えることができるのはどういう場合でしょうか。一言でいえば、問題に対してリアリティーを感じるときだといえるでしょう。

リアリティーには、まず**事実としてのリアリティー**があります。事例や統計に裏付けられたリアリティーです。しかし、事実が示されても実感を伴わなければpersonalなリアリティーにはなりません。**実感としてのリアリティー**を持った人が他者とのやりとりを持つことで、共感が生まれ、**共感としてのリアリティー（みんなにとってのリアリティー）**が生まれるのだと言えます。

生徒が実感を持って課題と向き合うためには何が必要でしょうか。どんな問題でも**視点によって意識の遠近**は変わってくるのではないかと思います。何かを感じて、考える個人の立ち位置は絶えずその人にとっての**視座**（standpoint）になります。**今・ここの視座から視野（課題）を捉える**わけですが、**視点のありようによって視野に見える姿が変わってくる**ということです。だとすれば、自分なりの視点を持つこと、これが、課題を引き寄せ、自分のこと（personalなこと）として捉えることに繋がるのだといえるでしょう。

赤色に注目してまちを探索するという場合、「赤色に注目して」が視点となります。車いすの人から見たまちの不便なところだと「車いすの人から見た不便さ」が視点となります。視点が変われば、日常のありふれた風景が発見のある風景（視野）に変わると思います。

ビジョン編 2

「学び」におけるSCHOOL SHIFTの土台をたがやすこと

私立かえつ有明中・高等学校サイエンス科・プロジェクト科主任
田中 理紗

はじめに

これまでの常識が音を立てるように崩れている、という現象は私たちの生きる社会のいたるところで始まっています。例えば、独裁者のように支配していた人が様々な業界で失脚しています。例えば、季節の感じられ方さえもほんの数年前とは全く違います。その流れの中でSCHOOL SHIFTもいたるところで、否応なくすでに始まっているといえるかもしれません。にもかかわらず、いざ動こうとしてみると、人々の意識や行動が何も変わらないように思えて、結局は自分たちだけでは何も変えることはできないような気がして、溜息が出ることがありませんか？

SCHOOL SHIFTで目指すような変化に向き合おうとしていると気づくことがあります。それは、残念なことに私たちは、悪気があるわけではないのに、色々な要因が複雑にからみあい集合的に誰も望まない結末を生み出してしまうこと。さらに、そのことに多かれ少なかれ、一人ひとりが何かしらの形で加担してさえいるのかもしれないということです。

マサチューセッツ工科大学（MIT）の上級講師で、変化について扱った世界的に有名な『U理論―過去や偏見にとらわれず、本当に必要な「変化」を生み出す技術―』の著者であるC・オットー・シャーマー氏は、ハノーバー保険の元CEOのビル・オブライエン氏の次の洞察を紹介しています。「介入が成功するかどうかは、介入者の『内面の状況』にかかっている。」私たちはついつい日常では日々起きる出来事に対して直接的な原因を探し、反応的になりがちです。しかし、SCHOOL SHIFTが起きるために、その介入者である私たちはどこに意識を向けることが大事なのでしょうか。起きている事象がどこからそれが生み出されているのかということに意識を向けることで、本当に必要な変化が現れる手助けができるのかもしれません。本章では、それをSCHOOL SHIFTの土台と表現して、グローバルな教育の流れと筆者がこれまでに経験したかえつ有明中・高等学校での取り組み等を踏まえながら、一緒に考えることができたらと考えています。

教育のルネッサンスの時代

私は二〇一九年にMITで開催された「Introduction to Compassionate Systems Framework in Schools」（直訳すると、「学校におけるコンパッショネイト・システムズ・フレームワークの導入編」）というワークショップに参加しました。『学習する組織』『学習する学校』の著者であり、先述したシャーマー氏同様にMITの上級講師であるピーター・M・センゲ氏が、生物学者でもあるメッテ・ミリアム・ボル氏と一緒に教育関係者向けにワークショップを継続的に開催しています。

このワークショップが生まれるきっかけの一つはEmotional Intelligence（感情的知性）の概念を世界に広げたダニエル・ゴールマン氏とセンゲ氏二人の対談だったそうです。その対談がThe Triple Focusという小さな本になっています（こちらの書籍は二〇二二年に『21世紀の教育　子どもの社会的能力とEQを伸ばす3つの焦点』というタイトルで日本語に翻訳されました）。

二人はこれからの教育においては、センゲ氏が進めてきたシステム思考（前作の『SCHOOL SHIFT』でもわかりやすく紹介されています）の教育と、ゴールマン氏が進めてきた感情的知性や社会性を育む教育（Social Emotional Learning 通称ＳＥＬ、日本語だと「社会性と情動の学び」等と訳されたりします）の両方がとても大切であると考えました。はじめは国際バカロレアとコラボレーションをする動きもありましたが、今は国際バカロレアにかかわらず、先述したワークショップに参加した教育関係者が全世界でその取り組みを広げ、学校単位・クラス単位はもちろん、州や自治体等の大きな規模で導入を試みているケースもあります（アメリカのカリフォルニア州など）。

二〇一九年に私が参加した当時、日本の教育においてシステム思考もＳＥＬという言葉もあまり馴染みのないものでした。システム思考における様々なツールもとても刺激的でした。それと同時に、ワークショップの合間にあるマインドフルネスの時間、自分の内側にあることにただ気づき、振り返るワークは当時の私にとってこれまで十分に意識を向けたことがないことばかりで、困惑する気持ちもあったことを覚えています。

当時のワークショップの日本人の参加者は私を含めてたったの三名でした。一方で、私はただの私立学校の一教員にすぎませんが、世界中からの四〇人前後の参加者の中には、州や国の教育の中心やトップとして働かれている方々も多くいらっしゃいました。これから始まる教育のムーブメントに、私も微力ながら少しでも吸収して、日本にもそのエッセンスを持ち帰って、できることをしたいと強く思いました。そして、私をこのワークショップに誘ってくださったシステム思考教育家の福谷彰鴻さんと帰国後に先生向けの勉強会を始め、今も続けています。

さて、ワークショップの最中に当時のＭＩＴの副学長のサンジェイ・サーマ氏がいらっしゃり、次のような挨拶をされていました。「今は教育のルネッサンスの時代と言えるかもしれません。ＭＩＴの教育も、永くMINDとHANDを重視してきたが、これからはMIND、HANDに加え、HEARTを重視していきます」世界最高峰の頭脳と技術で、世界の変化を支えてきたＭＩＴが、MINDつまりは頭脳と、HANDつまりは技術、その二つだけでは世界を変えるには十分ではないというメッセージを伝えてくれたように感じて、印象に残っています。これからの教育において、HEARTに意識を向けていくということは、どういうことなのでしょうか。そして、なぜそのような教育が大切になるのでしょうか。

これからの学びで必要なスキルやマインドとは？

かえつ有明中・高等学校ではサイエンス科・プロジェクト科というオリジナルの教科を設定しています。私たちは「考える」「学ぶ」「探究する」にあたり、共通して必要なスキルやマインドがあると考えています。それを抽出して、学んでいく教科として、中学ではサイエンス科、高校ではプロジェクト科が構成されています。

それでは、共通して必要なスキルやマインドとは何でしょうか。例えばですが、私自身は英語も教えていて、英語の授業でディスカッション、リサーチ、プレゼンテーションに生徒たちは取り組んでもらいます。ところがそのような授業展開は英語にかかわらず、理科や社会の授業でも取り組みがあります。そのディスカッション、リサーチ、プレゼンテーションのやり方、さらにはその土台となるようなスキルやマインドについては、各教科の授業内ではなく、サイエンス科・プロジェクト科の授業で扱っている、ということです。生徒たちが様々なプレイフルな探究やプロジェクトを通して、気が付いたらそのスキルやマインドを学んでいくことを目指し、試行錯誤しながらみんなで授業を創っています。

ただ、そんな「これからの学びにおいて必要なスキルやマインド」はその時代の影響も強く受けます。私が教員になったばかりのころはクリティカル・シンキングがこれからの教育では大事になってくるのではないかと考え、サイエンス科の授業のなかでは特に重視して取り扱ってきていました。今もクリティカル・シンキングは大切な要素の一つではありますが、重視して取り組んでいることが他にもあります。そのように、これから必要になる学びや探究におけるスキルやマインドとは何か、ということを教員同士で学び、対話を重ねながら、毎年プログラムを創り続けているということが、かえつ有明中・高等学校のサイエンス科・プロジェクト科の大きな特徴の一つになっています。

さて、そんなプログラム作りを毎年毎年先生方と対話を重ねながら、作り続けていく中で、私の中でモヤモヤしていることが一つありました。それは、どんなに一生懸命に生徒たちが夢中になるような探究やプロジェクトを考えたとしても、うまくいくときと、うまくいかないときがあるのです。つまり、毎年最高の探究や理想のプロジェクトを目指しているのですが、これだというものに結局はたどりつけないような感覚がありました。

「これならきっと生徒たちは夢中になってくれるんじゃないか」と思って、実際にそうなることもあれば、「こんなはずではなかった」と後で残念に感じることがありました。反対にこちらの準備や設計が十分ではないように思えて、少し申し訳なく感じながら授業に向かっていたとしても、授業が終わってみれば、生徒たちがとても情熱的に、夢中になって、取り組んでくれるときもありました。

当たり前と言えば、当たり前かもしれません。先生も生徒も、お互い人間ですから。そう言ってしまえばそれだけのことかもしれません。午前中の授業は集中力が高く、体育の授業の後はみんな疲れていて、どんなに授業で工夫をこらしても、それどころではないということもあるでしょう。代講で入った授業と、自らが担任であるクラスでの授業では授業のしやすさが違うと感じたこともありました。他にも、家族が病気だったり、気がかりなことが起きたり、授業どころではないように感じてしまうときの授業は、普段だったらもう少しうまくできるんだけどなぁと思うこともあります。

でも、そんな「先生も生徒もみんな人間であること」が学校において実は大事にされてこなかったと言えるのかもしれません。授業や学びの営み自体が、そんなシンプルなパッケージのようなものではなく、最高の学びが生まれるには、コンテンツ以上に大切なものがあるのかもしれません。それが人間らしさやHEARTの部分であり、そのことを置き去りにして、我慢をして、時には無理をして、探究や学びを設計するよりも、そのことに向き合い、土台としてたがやすことを大事にするということがこれからの教育の新しいムーブメントになっているのかもしれないと感じています。

「今日の教育システムの危機は、生徒を背中に荷を負ったラクダのようにしか扱っていないことだ。欠けているのは、学びの環境を共に創造するために必要な人間の旅への深い理解である」と、先述したシャーマー氏は『出現する未来から導く――U理論で自己と組織、社会のシステムを変革する―』という書籍で述べています。

システムに意識を向けるということ

シャーマー氏は私たちの今の世界の危機的な問題点として三つのDivide（分断）を挙げています。Spiritual Divide（精神的な分断）、Social Divide（社会的な分断）、そしてEcological Divide（環境的な分断）です。HEARTに意識を向けていく教育はまさにSpiritual Divide（精神的な分断）を取り戻すプロセスの一つといえるかもしれません。

しかし、それだけでは十分とは言えません。Social Divide（社会的な分断）とEcological Divide（環境的な分断）についても、考えていくために大切になってくる要素がinterconnectedness（すべてが相互につながっていること）です。このことを理解するために、とても助けになってくれるのがシステム思考です。

システム思考の教育について考えていく前に、「システム」とは何かということを確認させてください。私たちは「システム」という言葉を日常でどんなときに使うでしょうか。例えば、何かの組織の一員である私たちは、トラブルや個別の事象に対しての対応ができないときに、「ごめんなさい、そういうシステムなんです……」と言い訳のように使うことがあるかもしれません。あるいは、何かICT関係でうまく入力できなかったり、操作が思い通りにならなかったりしたときに「そういうシステムなんだよね……」とあきらめのように、言葉にすることがあるかもしれません。ここでいうところのシステムは何か制度や仕組みだったり、もしくはICT関係の設定のことだったり、そういうものをイメージしているような気がしています。

そこで、「システム」を辞書等で検索してみると、次のような定義があります。「個々の要素が相互に影響し合いながら、全体として機能するまとまりや仕組みの構成を指す総称。」より身近な例として、センゲ氏は、「家族」を例にしてシステムを説明してくれています。例えば、私は二児の母でもありますが、上の子が体調を崩すと、それは私たち四人家族全員に大きな影響があります。家族の他の誰かに伝染して体調が崩れたり、私や主人が仕事を休まなければならなかったり、そのことで私がイライラしてしまったり、私がイライラすることでそれが子どもたちの内面に影響してしまうことさえありえます。

つまり「システム」とは制度やICT等の意味に加え、シンプルにinterconnectedness「すべてが相互につながっていること」そして、それが影響しあいながらも、何かしらの形で一つにまとまっているものと捉えるとイメージがしやすいかもしれません。

そして、このことも私たちは実際にはとても影響を受けているにもかかわらず、なかったことのようにして扱ってきたことが多かったかもしれません。先ほどの学校現場の例でいえば、体育の持久走の後の授業、行事が終わった翌日の朝の授業、受験に大きく影響するような定期試験の前日の授業、当然そのときの生徒の内面、関係性、教員の疲労度合い、教室の環境、どれをとっても同じであるはずがありません。さらにそれが相互に影響を与え合っているはずです。そのことを十分に認識はできていたにもかかわらず、同じような授業ができることを想定してきたかもしれません。また、同じような授業ができることを良いことであると認識して、我慢をしたり、パワーや権威を使って強制的に同じようにできることを求めてしまったり、それができなかったときに自分自身や周りに責任があるかのように扱ったりしてきたのではないでしょうか。

interconnectedness「すべてが相互につながっていること」を意識して子どもたちに伝えるツールとして、まずはシステム思考の教育を取り入れていくことも大切です。そして、それだけにとどまらず、学びの設計自体も interconnectedness を前提に設計がされていく、それがあってもいい、むしろあることが自然で、それを豊かに耕していくことを大切にすることが世界的なムーブメントの一つといえそうです。

かえつ有明中・高等学校でも、例えば四月にはクラスのグラウンドルールを決めるような授業に全クラスで取り組んだり、対話を重視した取り組みをするようになったり、先生方同士の対話の時間を設けたりするようになりました。そしてそれらは単独では効果が十分ではなく、いろいろなことが相互に影響しあって学校の文化を形成するようになったと感じています。

コンパッションを教育に

もう一つ、interconnectedness「すべてが相互につながっていること」を豊かに耕していくにあたり、大切な要素の一つとして、compassion コンパッションについて考えていきたいと思います。

センゲ氏とボル氏は、先述したワークショップの基本的な目的は生徒と教員の「compassionate integrity」（コンパッションのある誠実さ）を育むことだと話していました。それは必然的に、相互依存的な世界に生きている私たち一人ひとりが、システムの一部であることを、概念的にだけでなく、コンパッションを持ちながら理解していく力ということです。

コンパッションという言葉はまだあまり馴染みがない方もいらっしゃるかもしれません。コンパッションは日本語では「思いやり」「共感」「慈悲」と翻訳されることもありますが、「人が生まれつき持つ『自分や相手を深く理解し、役に立ちたい』という純粋な思い。自分自身や相手と『共にいる』力のこと」と仏教指導者でもあり人類学者のジョアン・ハリファックス氏は定義しています。一見、抽象的なように感じるかもしれませんが、このコンパッションは私たちの性格や生まれ持ったものではなく、スキルの一つ、育むことができる力として捉えられています。

そして、システム思考やinterconnectednessを頭で理解するだけでは世界にある分断に向き合っていくには十分ではありません。例えば、今世界で多くの戦争や争いが起きています。システム思考を用いながら、それぞれの戦争がなぜ起きるかということに対して、そのつながりや、自分自身もそれに対してどう影響しているのかということをみていくことができるようになるかもしれません。しかし、原因や影響が理解できたからといって、それが解決できるわけではありません。学校組織の問題点について、学校外の人から「もっとこうしたほうがいい」とアドバイスをもらったとしても、「そうは言っても……」と感じたり、むしろ反発が生まれてしまったりすることと同じかもしれません。

探究学習を進めるにあたっても、同じように感じることがあります。例えば、とある生徒が日本における貧困について探究をすることにしていました。その中で実際に貧困で苦しんでいる方にインタビューをしたいと相談してきたことがあります。そこで書かれていた質問例の中には、インタビューをされた側が不快に感じる可能性がある質問や文言が複数盛り込まれていてヒヤヒヤした、なんていうことがあります。

別の例でいうと、例えば難民について探究をしている生徒が、その解決策として「難民たちをとある別の場所に移住してもらう」という大胆な提案をしていたことがありました。そこは環境がとても整備され、素敵な場所になるというプレゼンテーションだったのですが、難民の人たちからしてみたら、どんなに素敵な場所であったとしても、ようやく落ち着けた場所を追い出されてしまうことにきっと深い悲しみがあるのではないかと聞いていて感じたことがありました。

ゴールマン氏は先述した書籍 The Triple Focus の中で、コンパッションにはエンパシー（他者に気づき、理解すること）が重要だと述べています。そしてそのエンパシーには次の三種類が紹介されています。

① Cognitive empathy 認知的なエンパシー（他者理解）
② Emotional empathy 感情的なエンパシー（他者理解）
③ Empathic concern エンパシー（他者理解）からの配慮

一つめのCognitive empathy（認知的なエンパシー（他者理解））は、どういうことが起きているのかを認知的に頭で理解することを指しています。二つ目のEmotional empathy（感情的なエンパシー（他者理解））は誰かの話を聞いていて、自然と涙が出てくるような、相手の感情を自分の感情のように感じられる私たち人間のつながりを指します。そして三つ目のEmpathic concern（エンパシー（他者理解）からの配慮）は、その他者によりよくあってほしいという願いから、実際の行動につながる資質を指します。翻訳をされた井上英之さんに話を聞いた際に、これを「行動につながるレディネスがある状態になること」であり、「このエンパシーがコンパッションに最も近い状態なのではないか」と話をしてくれました。

つまりコンパッションとは、頭で理解し、感情的にもそれが十分に感じられ、理解されながらもそれに取り込まれることなく、相手のための行動がまさに現れようとするレディネスだと言えるのではないでしょうか。そしてそれは三つのエンパシーを通して育むことができる。interconnectedness「すべてが相互につながっていること」を理解しているだけでなく、そこにコンパッションがあるかどうかということが、本当に変化を生み出していくときには重要な要素だといえます。だからこそコンパッションを大切に育むことも教育のムーブメントとして、広がりつつあるのかもしれません。

これからの教育のムーブメント

さて、このような教育のムーブメントはMIT以外でも始まっています。アメリカのアトランタにあるエモリー大学の研究センターであるCCSCBE（Center for Contemplative Science and Compassion-Based Ethics 直訳すると「観想科学・コンパッションに基づく倫理学研究センター」）では、先述したSELの教育に長く取り組んできたダニエル・ゴールマン氏にも協力してもらいながら、SEE Learning（Social Emotional and Ethical Learning、通称シーラーニング、直訳すると「社会的・情動的・倫理的学び」）というプログラムを開発しました。

シーラーニングは、幼稚園から高校までの国際的な教育プログラムで、感情的、社会的、倫理的知性を育む実用的なカリキュラムです。二〇二四年三月には、エモリー大学講師陣によるSEE Learningを日本の教育者に紹介するための対面ワークショップが初めて開催されました。また、かねてよりエモリー大学本部が提供するSEE Learningのウェブサイト上では、無料でオンラインの入門講座が受講でき、受講後には各発達段階に合わせたカリキュラムを含む教材をダウンロードできるようになっています。この入門講座はSEE Learning Japanの協力により、現在は日本語での受講が可能となりました（https://101.seelearning.emory.edu/ja-JP）。いよいよ日本でもシーラーニングに取り組む先生方や学校がこれから増えていくための下地が整いつつあるのを感じています。

ゴールマン氏はシーラーニングを「This is SEL 2.0」と表現しています。これまでのSELの教育に加えて、シーラーニングでは以下の要素が盛り込まれています（日本語版SEE Learning Companionより抜粋、https://www.seelearningjapan.com/resourcesから無料でダウンロードできます）。

①「注意」を養うスキルを育むこと

②〈宗教的ではなく〉包括的な視点で「倫理」に焦点を当てていること
③「トラウマ」に関する最新の動向を取り入れていること
④「相互依存性」と「システム思考」の認識を高めること

②の「〈宗教的ではなく〉包括的な視点で『倫理』に焦点を当てていること」が少しわかりづらいかもしれませんが、つまり「倫理」を特定の文化や宗教に基づくものではなく、コンパッションのような人間の普遍的な価値観に根ざした包括的な倫理と捉えています。共通して学ぶ必要がある在り方に焦点を当てているといえるかもしれません。

シーラーニングのフレームワークは次頁の図をご覧ください。SEE Learningのカリキュラムを最も的確かつ包括的に表しているものとして紹介されています。

このフレームワークの縦軸で示されている三つの視点は、先ほど紹介したセンゲ氏とゴールマン氏の書籍The Triple Focusで「この世界を航海するのに必要となる、3つの必須スキル」として示されているものにとても近い内容になっています。というのは、このフレームワークはこのモデルと並行して構築されたものであるためです。

【トリプルフォーカス】

①フォーカス1―私たち自身へのフォーカス（inner）

②フォーカス2―他者へのフォーカス（other）

③フォーカス3―外の世界へのフォーカス（outer）

そして、横軸の三つの側面は、その中心にある「思いやり（コンパッション）」の原則に根ざし、他の二つの側面は、多くの点で「コンパッション」の側面を支える役割を果たしていると説明がされています。

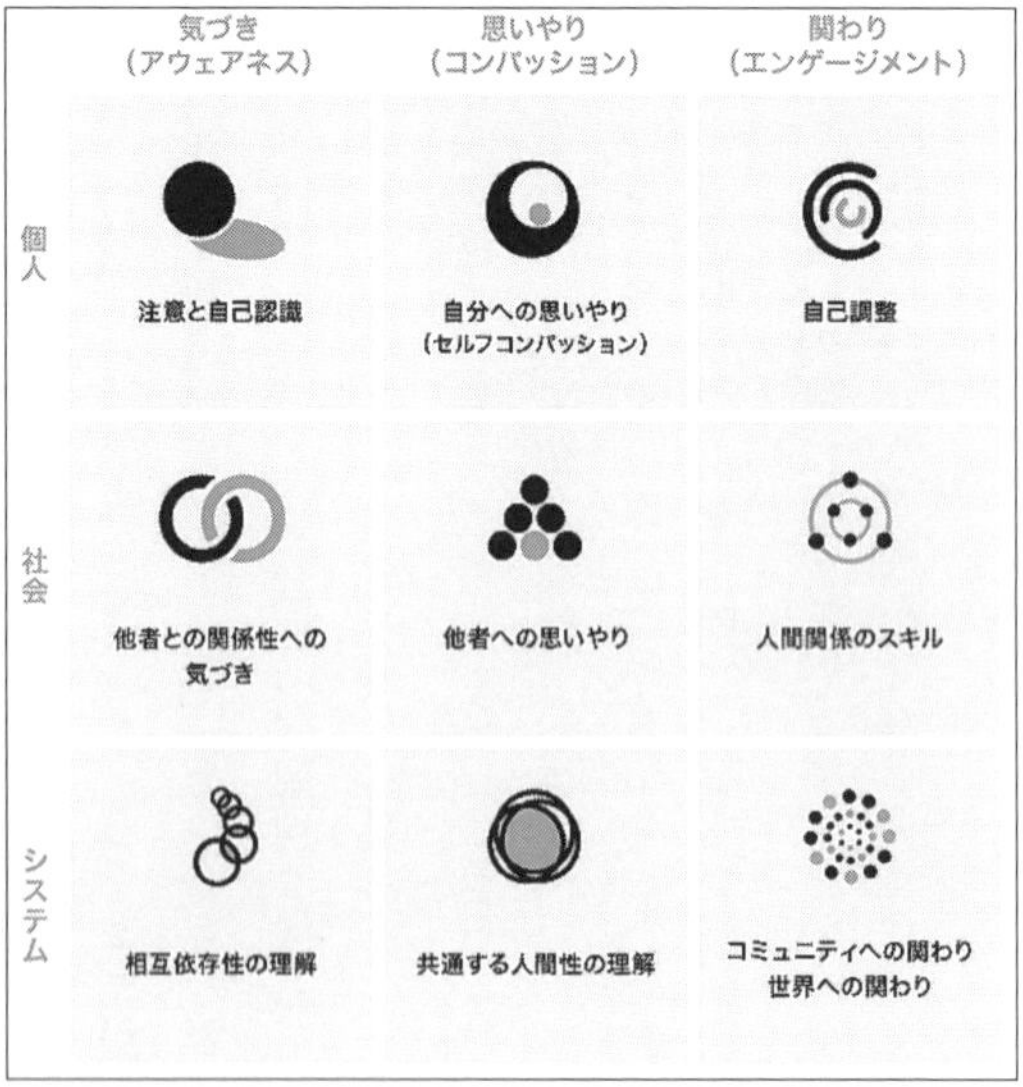

図　シーラーニング フレームワーク　日本語版
（SEE Learning Japan「SEE ラーニングの学びとは」
https://www.seelearningjapan.com/about）

さいごに

ここまで、学びにおけるSCHOOL SHIFTの土台をたがやすことについて、海外の教育で起こっているムーブメントを中心に、かえつ有明中・高等学校で私が経験したこと等を盛り込みながら、一緒に考えてまいりました。ここで紹介されていることは、日本の教育現場において、決して新しいことばかりということではないように思います。例えば、先述したエモリー大学の先生方による日本でのワークショップでは、日本語の自分の内側を表す言葉の豊かさに先生方がとても驚かれていました。身体性や感覚に意識を向け、それを言葉にすることは従来日本人が大切にしてきた価値観の一つといえるかもしれません。また、「風が吹けば桶屋が儲かる」という言い回しが江戸時代から使われていることからも、システム思考の考え方も全く馴染みがないものというわけではないように思います。

今回のようなテーマでお話をしたときに、何から始めたらいいのかという質問をいただくことがあります。その直接の答えになるかはわからないですが、センゲ氏が紹介しているマザー・テレサの言葉を紹介させてください。

「どうすれば人は、偉大な仕事をすることができるのですか？」
マザー・テレサは、インド人がいつもする、あのちょっとした（首を左右に動かす）動作をしました。（中略）それから、マザー・テレサは肩をすくめて、こう言いました。
「偉大なことなんてできませんよ。大きな愛を込めて、小さなことをやるんです。それだけです。」

そして、『U理論―過去や偏見にとらわれず、本当に必要な「変化」を生み出す技術―』の中でシャーマー氏は、ガンジーの次のような教えを紹介しています（実際の彼の言葉はもっと長いものだったという説もあります）。

―Be the change you want to see in the world.
（見たいと思う世界の変化に、あなた自身がなりなさい。）

私たちは愛をこめて、見たいと思う変化をまず自分自身から実践していくことからしかできないのかもしれません。SCHOOL SHIFTの変化の土台を足元から一緒にはじめていきませんか。私もまだまだその道の途中で、時に自分自身にガッカリするときさえもあり、試行錯誤する日々です。ただ、そんな毎日をとても愛おしく感じています。

参考文献

・C・オットー・シャーマー、中土井僚ら翻訳（２０１０）『U理論―過去や偏見にとらわれず、本当に必要な「変化」を生み出す技術―』英治出版
・C・オットー・シャーマー他著、由佐美加子ら翻訳（２０１５）『出現する未来から導く―U理論で自己と組織、社会のシステムを変革する―』英治出版
・ピーター・M・センゲ他著、リヒテルズ直子訳（２０１４）『学習する学校　子ども・教員・親・地域で未来の学びを創造する』英治出版
・ピーター・M・センゲ、小田理一郎ら翻訳（２０１１）『学習する組織　システム思考で未来を創造する』英治出版
・ジョアン・ハリファックス、一般社団法人マインドフルリーダーシップインスティテュート監訳（２０２０）『Compassion（コンパッション）――状況にのみこまれずに、本当に必要な変容を導く、「共にいる」力』英治出版
・ダニエル・ゴールマン、ピーター・センゲ、井上英之翻訳（２０２２）『21世紀の教育　子どもの社会的能力とEQを伸ばす３つの焦点』ダイヤモンド社
・福谷彰鴻（２０１６）「『偉大なことなんてできませんよ。大きな愛を込めて、小さなことをやるんです』（マザー・テレサの言葉）」（２０２４年３月23日最終取得）https://mylearningsandbox.wordpress.com/2016/10/16/

アクション編 1

小学校における探究的な学びの要諦と実践

宝仙学園小学校教諭
吉金　佳能

小学校における「探究」の現状と課題

ＧＩＧＡが落ち着き、「個別最適な学び」や「探究」がホットワードとして、教育界を賑わせています。特に「探究」については、２０２２年度より、高等学校で「総合的な探究の時間」が必修化されたことを皮切りに、教育現場でも急速な広がりを見せています。

しかし、「個別最適」や「探究」については、なかなかに誤解を生む言葉であるとも感じています。特に「探究」については、明確な定義があるわけでなく、小学校においては先行研究もあまりありません。そもそも総合的な学習の時間と何が違うのか、それが正直な想いであると思います。

令和3年、文部科学省により作成された『今、求められる力を高める総合的な学習の時間の展開（小学校編）』のまえがきに、次のような記述があります。

総合的な学習の時間は、探究的な見方・考え方を働かせ、横断的・総合的な学習を行うことを通して、よりよく課題を解決し、自己の生き方を考えていくための資質・能力を育成することを目標にしていることから、これからの時代においてますます重要な役割を果たすものです。
平成29年3月の学習指導要領の改訂においては、探究的な学習の過程を一層重視し、各教科等で育成する資質・能力を相互に関連付け、実社会・実生活において活用できるものとするとともに、各教科等を越えた学習の基盤となる資質・能力を育成することを基本的な考え方としており、その実現に向けて、探究的な学習における4つのプロセス（課題の設定、情報の収集、整理・分析、まとめ・表現）の質的充実が求められています。

「探究」という言葉が出てきた背景を探ると、学習者の学習プロセスによりスポットをあてたいという想いが見て取れます。同時期に出された「個別最適な学び」も、「指導の個別化」と「学習の個性化」をキーワードにした、徹底して個に寄り添った学びです。「探究」も「個別最適」も、学習者の視点から整理された概念であるということが重要です。どちらも**「学習者中心の学び」であり、目指すのは「主体的・対話的で深い学び」の実現**です。そして、その先に学習指導要領で示された資質・能力の育成を描いています。

教科には「個別最適な学び」、総合的な学習の時間には「探究」という視点からの授業改善が求められているととらえることができます。学びの所有権は誰のものなのか、いま一度立ち止まって考えて欲しいというメッセージにも感じます。

本稿では、小学校における探究的な学びの要諦について、一つの実践事例をもとに整理していきます。

小学校三年「お祭りプロジェクト」

小学三年生で「お祭りプロジェクト」というPBLを実施しました。理科と国語、図工の教科横断型の探究的な学びです。プロジェクトテーマは「祭」。プロジェクトのゴールを「小さい子へ科学の楽しさを伝える」とし、そのために科学のお祭り「サイエンスフェスタ」を開催しました。「実社会とつながるリアルな学び」をキーワードにした協働型のＰＢＬです。はじめに、プロジェクトの概要について整理します。

ローンチ（学びのはじまり）

これまでの理科学習を振り返り、科学の力を使った遊びを考えるワークを行いました。まず、身の回りには、科学の力を使った遊びがたくさんあることを紹介し、子どもたちにどんな遊びがあるかを話し合ってもらいました。

次に、三年生の理科で学んだことを使った遊びのアイデアを考えました。画像のようなワークシートを用意し、子どもたち一人一人が具体的なアイデアを出しました。

アイデアの交流

企画書をもとに、アイデアを交流しました。まずはグループ

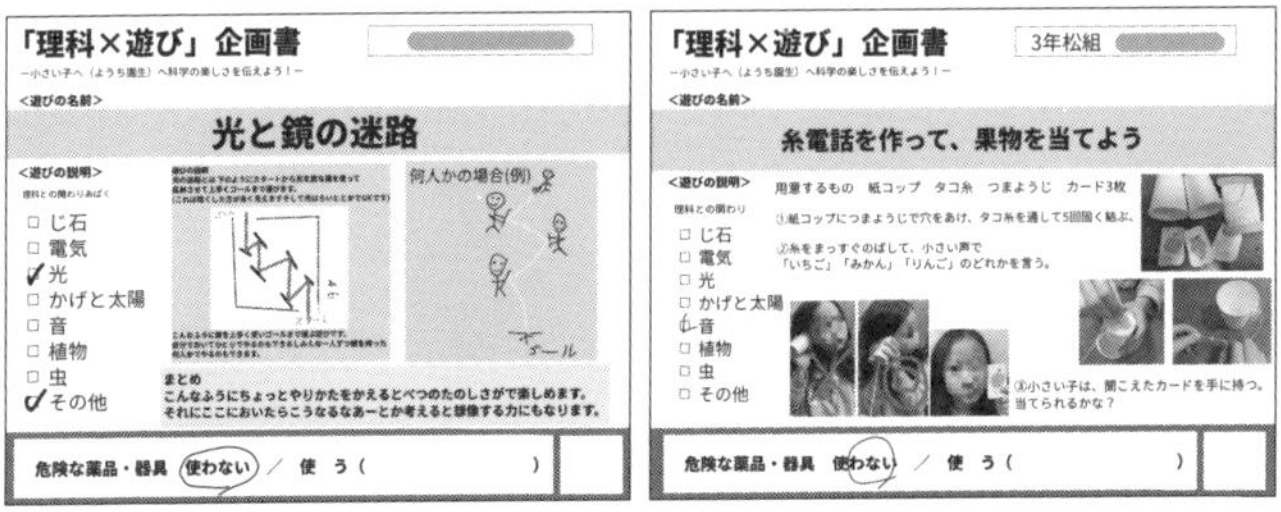

「理科×遊び」のアイデアシート（企画書）

で伝え合い、交流しました。その後、交流するだけでなく、実験もしました。実際に試す中で、「理科×遊び」のアイデアをさらに広げました。

プロジェクトの発表

このタイミングで、科学のお祭り「サイエンスフェスタ」を開きたいと考えていることを発表しました。対象は未就学児で、付属の幼稚園生だけでなく、一般公開し、地域の方などにも来ていただけたらおもしろいと思っていることを伝えました。また、体験料として、一つの体験につき、百円をとることを考えていることも話しました。

その時の子どもたちの反応は、「楽しそう！」というポジティブな反応が多かった一方で、「本当にできるのかな？」と心配そうな様子やイメージが湧いていないような様子もありました。ジョン・デューイは、「探究とは、不確定な状況からはじまる学び」としています。**不確定だからこそ、そのプロセスに大きな価値が生まれます。**

いま振り返れば、今回のプロジェクトは、我々教師にとってもはじめての試みで、まさに不確定な状況からはじまったものでした。

サイエンスフェスタへ向けた企画準備

企画書も参考に、プロジェクトを進めるチームを決めました。チームについては、人数は3～6人など、いくつかの条件を提示した上で、子どもたちに決めさせせました。

その後、ワークショップの企画を決め、具現化していきます。

・参加者へどんな体験を届けるのか？
・景品は用意するのか？
・当日へ向けてどんな準備が必要か？

準備をする子どもたち

そんなことを、各チームで話し合い、実際に手を動かしながら準備を進めていきました。必要な材料については、子どもたちが使いたいものをリストアップし、それを学校が用意しました。その材料を子どもたちは「買い取る」という形で、使っていきました。買い取ると言っても、収支表に記録していくだけで、お金のやり取りは発生しません。子どもたちに見通しを持って活動して欲しいという意図がありました。また、今回のサイエンスフェスタは、すべてのワークショップで一回百円の体験料をとります。利益を追求する必要はないが、赤字にはならないように考えようと話をしていました。百円の価値を再考し、その価値を提供して欲しいという想いがありました。

さて、ここからは、理科と国語、図工の時間に実際に行った活動を紹介します。

理科の時間「ワークショップの準備」

一番時間数を使った理科の時間は、ワークショップの準備が中心です。実際に子どもたちが考えたワークショップは次のようなものがありました。

磁石の力を使った「釣り」「ダーツ」「おにごっこ」「宝さがし」
ゴムの力を使った「射的」「ピンボール」
光の性質を使った「にじのこま」「光の3原色」
科学の力を使った「スライムづくり」 他

どれも三年生の理科で学習したことをもとにしたアイデアです。

景品を用意するチームも多くありました。景品については、自分たちでつくるチームもありましたが、既製品を使うと判断したチームもありました。材料と同様に、子どもが製品を指定し、学校が購入して、それを買い取る形です。景品づくりに関しては、プロジェクトの本質ではないので、教師としても既製品を勧めていたという背景もあります。

国語の時間「ポスターとお手紙づくり」

国語の授業では、自分たちのお店を宣伝するためのポスターと、付属の幼稚園生へ向けた手紙をつくりました。光村図書三年国語「気もちをこめて『来てください』」単元に関連づけた授業です。ポスターの読み取り（言葉と写真・絵の関わりなど）について学び、お店の案内ポスターを作成しました。また、付属の幼稚園生へ向けてサイエンスフェスタへの招待状も書きました。

ポスターと手紙を持って、
幼稚園生へ説明する子どもたち

作成したポスターは、幼稚園用、小学校掲示用、そして当日配布するイベント冊子への掲載に使いました。

図工の時間「神輿づくり」

図工の時間では、サイエンスフェスタを盛り上げるための掲示物や展示をつくりました。メインの展示は「神輿」です。子ども一人一人が、サイエンスフェスタに関連するオブジェクトを想像し、アルミホイルを使ったホイルアートをつくりました。それらを貼り付けた神輿をつくり、当日の会場内に展示しました。そうして、三つの教科を横断しながら約六週間に亘って準備を進めました。授業時間数にすると、三教科で約三十時間程度でした。

いざ、サイエンスフェスタ当日

サイエンスフェスタは二日間で開催しました。平日午後と翌休日の午前です。平日午後の対象は、一年生と付属の幼稚園生、二日目を一般公開としました。

いざ始まってみると、子どもたちはてんてこまい。想定以上の人が集まったのです。どのブースも切れ目なく列ができています。休憩も取れない中、あっという間に初日が終わりました。短い時間で、二日目へ向けて体制を整えました。

そして、二日目。学校としてもはじめての一般公開ということで、人が集まるか不安でしたが、開始前には列ができていました。一般の方へは、学校ホームページやSNSでお知らせしました。また、私が地域の保育園や幼稚園へ伺い、ポスター掲示やチラシを置かせていただくお願いをしてまわりました。その成果もあり、

サイエンスフェスタ当日の様子

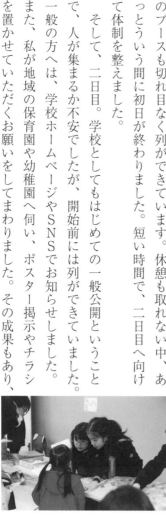

地域の方や入学を検討されている方など、本当にたくさんの方にお越しいただけたのです。途中、景品がなくなるなどのハプニングもありましたが、二日目もなんとか無事終えることができました。以上が、本プロジェクトの全体像です。ここからは、本プロジェクトを「プロセスと評価」、「教科横断」、「ICT活用」という三つの視点で分析していきます。

プロジェクト型学習（PBL）のプロセスと評価

こうしたPBLは、大きく分けると三つの段階から成り立っています。

①ローンチ（学びのはじまり）
②試行錯誤・創意工夫のプロセス
③アウトプット（展示会や発表会）と振り返り

それぞれのプロセスで、適切な評価を行う必要があります。

しかし、こうした学びの評価は、単純に点数化できるもの

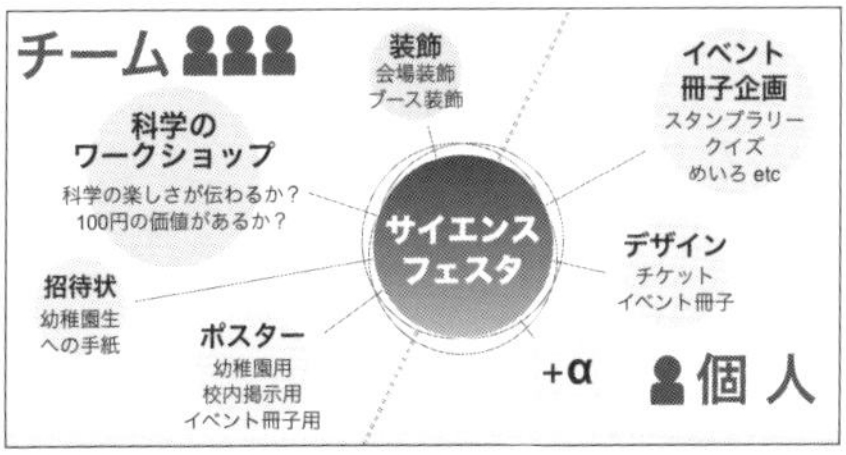

プロジェクトの全体像（チームでの参画をベースとしつつ、個人でも関われるデザイン）

ではありません。また、教師の評価だけでなく、学習者による自己評価という視点も不可欠になります。

我々教師は、探究をはじめるとき、**評価についての価値観を大きくシフトしなければなりません。**評価とは、成績をつけるためだけのものではなく、学習者の自立をサポートするために行うもの、という学習者中心の評価の考え方が必要となります。

ブルームの三つの教育評価

(1) 診断的評価

診断的評価は、PBLの導入場面で行う評価です。学習者の既有知識や関連体験を起動させ、学びへのイメージを膨らませます。学習者が自己の状態を把握することで、学びに向かう力を高め、また学習を通して自己の変容をとらえやすくします。

診断的評価の具体的な方法は、ブレインストーミングやテーマについての対話、または事前テストなどが考えられます。今回のプロジェクトで言えば、「理科×遊び」のアイデアについてのブレストと企画書の作成が診断的評価にあたります。

(2) 形成的評価

形成的評価は、探究において学習者の試行錯誤を支える評価となります。学習者同士の対話を通してのフィードバック、そして教師や外部の方からのフィードバックが重要なものとなります。具体的な方法として、フィードバックや振り返り、ルーブリックなどがあげられます。

（3）総括的評価

総括的評価は、評定のための評価、いわゆる成績につながる評価と言われますが、学習者目線で考えると、学びのアウトプットを行う場で、フィードバックを受け取ることと考えることができます。

その際、評価の基準を設けることで、より質の高いフィードバックを得ることができます。具体的な方法としては、対話や投票、評価シート、コメントとなります。

PBLにおける評価の本質はフィードバックにあり

探究的な学びにおける評価の本質は、フィードバックにあります。**子どもの活動を価値づけ、後押しするようなフィードバック**を意識し、**そうした機会を活動の中に意図的・計画的・継続的に位置付けていく必要があります。**本プロジェクトでも、子ども同士のフィー

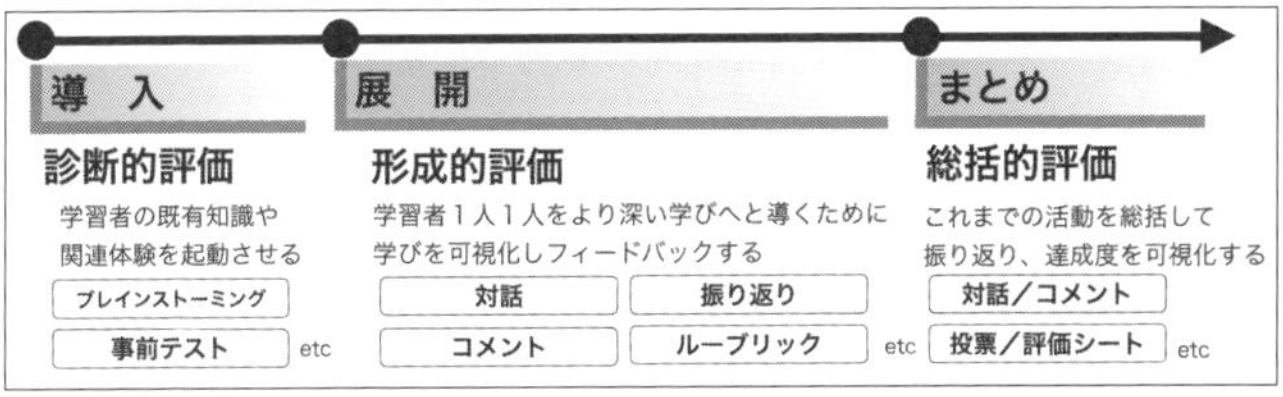

PBL のプロセスと評価の概要

ドバック、また教師によるフィードバックの機会を意図的につくっていました。

振り返りについても毎時間継続してきました。

大きなポイントとなったのは、授業参観の機会に行った「中間報告会」です。子どもたちへは、「プレオープンデイ」と謳っていました。保護者の方にお客様として実際に体験していただき、フィードバックをいただくという機会です。本番二週間前に設定しました。この日までは、教師から子どもたちの企画しているワークショップの内容についてのアドバイスを、極力控えていました。

正直、何度も「こうした方が良いんじゃない?」という言葉が出そうになりましたが、それはやめようと、プロジェクトに関わる教師で事前に申し合わせていたのです。

プレオープンの日、はじめてお客さんを相手にしたグループがほとんどでした。やってみて初めて気がついたことが、たくさんあったようです。例えば、スライムづくり体験を提供するチーム。当初は、薬品を溶かすところから体験しても

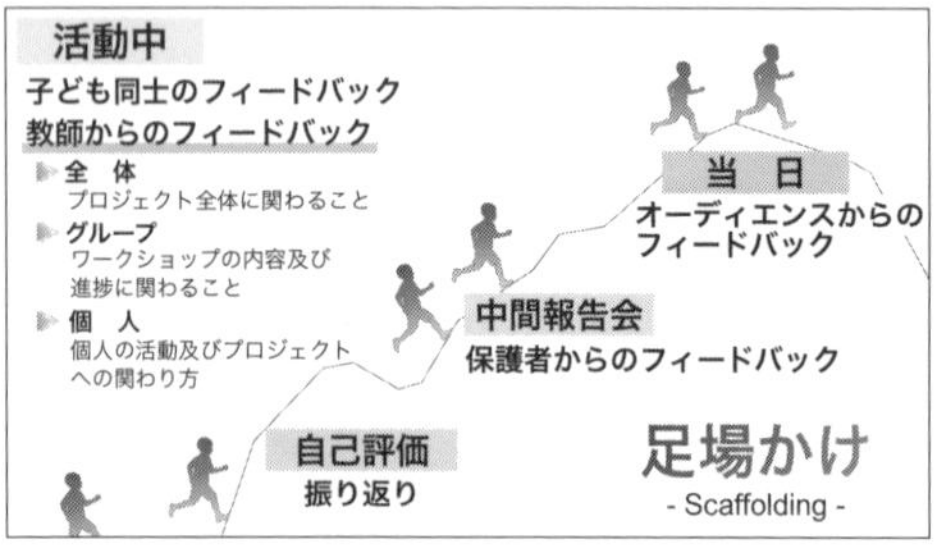

PBLの評価の本質はフィードバックにある

らう準備を進めていましたが、それでは時間がかかり過ぎることに気がつき、事前に薬品をつくり、計りとった状態で提供するように変更していました。

保護者からのフィードバックも非常に有意義なものでした。ここまでの準備を認めた上で、さらに良くなるようにアドバイスをいただけたので、子どももきちんと受け取っていました。

大人とのやり取りを見ていると、アドバイスに対して、しっかりと自分たちの考えを伝える場面も多くありました。印象に残っているのは、保護者からの「ゲームの難易度をもっと高めた方がおもしろいのではないか」というアドバイスに対して、「それも話には出たけど、今回の対象は小さい子どもなので、当たりになった方がうれしいと思う。だから、あえて簡単にしているんです」と回答していた場面です。

中間報告会の様子

この場面を見て、池田靖章氏の**「探究は美学に行き着く」**いう言葉を思い出しました。探究では、自分が美しいと思うものが表現されます。それを一律に評価することは極めて難しいのです。だからこそ、対話が大切となります。

活動中の教師の役割

探究における教師の重要な役割に「足場かけ（Scaffolding）」があります。

学習者が次のステップへ進めるように、学習の足場をつくり、学びをサポートします。

足場とは、学習環境を整えることであったり、個に対するサポートであったりします。

・環境を整える（安全の保障／活動場所の確保／材料・器具の準備）
・場づくり（安心して活動できる場をつくる／中間報告や振り返りの機会をつくる）
・助言する（学習者の話を聴く／適切にアドバイスする）
・見取る（学習者の学びを見取り、評価する）　他

個々の能力や状況によって、どの程度介入するのかを調整することが求められます。

そして、足場は一時的なものであることが重要です。足場かけのキーワードも「対話」です。学習者との対話を通して、足場を調整していきます。

「教科横断」のメリットと注意点

小学校において「探究」を実施していくにあたり、大きなキーワードとなるのが「教科横断」です。教科横断のメリットは次のようなことがあげられます。

・時間的・空間的余白を生み出すことができる
・多様な見方・考え方を働かせることで深い学びにつながる
・複数の教師が関わることで、より質の高い見取りにつながる
・それぞれの教科的特性を活かすことができる
（例えば、理科では実体験を中心に活動することができる）

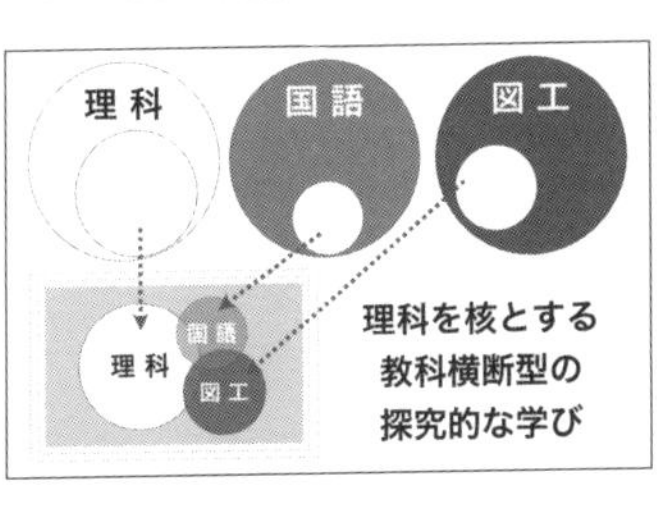

画像は、本プロジェクトを図式化したものです。教科を横断した学びをつくることで、余白が生み出されます。この**余白の部分にこそ、これからの時代に必要な大きな学びがある**と思うのです。また、本プロジェクトにおける学習内容を教科的な視点で切り取ると、次のような図になります。教科横断型の学びにおける教科的な学習内容には、どうしても

個人差が生まれます。本プロジェクトの場合、理科は三年生の学習内容をすべて履修した上で実施しています。つまり、理科においては、発展・応用的な扱いのため、図のように子どもによって、サイズが異なります。一方、国語と図工については、それぞれ単元の学習として扱っています。身に付けさせたい資質・能力について、明確になっているので、枠の大きさはある程度揃っています。教科横断型のプロジェクトを設計する際には、そうした教科的な視点で子どもの学びを見取ることも重要なものとなります。

ＩＣＴ活用

プロジェクト型の学びには、ＩＣＴ機器・テクノロジーの活用が欠かせません。本プロジェクトでも、ＩＣＴをフル活用しました。ＩＣＴがあることで、活動のすべての選択肢が大きく広がります。

・企画及び進捗の共有（対象はチームメンバー及び教師）

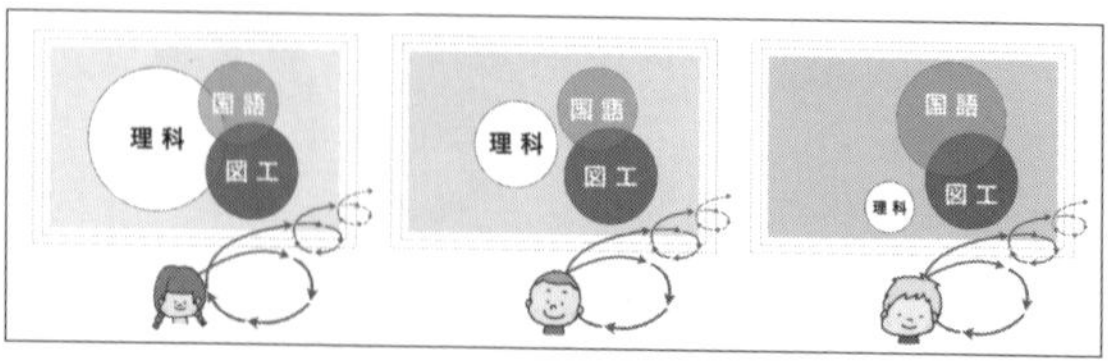

本プロジェクトを教科的な視点で切り取ったイメージ図

・PRポスターやワークショップの説明資料及びイベント冊子の作成
・活動の記録及び振り返り

何より**圧倒的に試行錯誤の量が増えます**。探究でポイントとなるのは、「試行錯誤・創意工夫」のプロセスです。

元となるアイデアは、子どもがつくり、また話し合いで生み出していくものですが、それを形にするプロセスではICTが必須のものとなります。ICTがあるからこそ、こうした大きなプロジェクトを小学三年生が実現させることができました。

子どもが作成したポスター

ICT活用の本丸は「クラウド活用」にあり

クラウド型の授業支援システムは、プロジェクトを強力にサポートしてくれます。

授業と授業、授業と授業外の学びがシームレスにつながります。時間と空間を超えた情報共有が可能になり、協働学習のあり方が大きく変わります。

探究的な学びのキーワードは「創造」

小学校における探究的な学びをつくる最大のキーワードは「創造」です。

Learning by doing.　（なすことによって学ぶ）

Learning by creating.（つくることによって学ぶ）

アイデアを生み出す、何かをつくるといった活動をゴールに置いた学びをつくることが重要です。実体験があるから楽しい、実体験があるからこそ調べ学習に閉じない試行錯誤ある学びが生まれ、探究のスパイラルを駆け上がることができます。この「楽しさ」という要因は、学びの原動力となる、極めて重要なものとなります。

ここまで紹介した実践は、ビジョン編で示された三つの協働探究の型「問題解決型探究（problem-solving type）」「立場表明型探究（stance-taking type）」「意味創造型探究（sense-creating type）」の「問題解決」と「意味創造」の要素を意識したものとなります。

余談ですが、本プロジェクトでは、利益が出ました。実は、プロジェクトの発表時、「利益が出たら、クラスでパーティーしても良いし、クラスで必要なものを購入しても良い」とアナザーゴールを設定していました。しかし、そんなことが必要ないくらい、子どもたちは終始熱量高く取り組んでいました。熱量が高いが故の衝突もありました。

長期間にわたって協働して一つのゴールを目指す中で、他者の感情に触れ、自身の感情が動かされる経験はとても貴重なものとなったでしょう。**いまの子どもたちには、何かに夢中で取り組む経験が必要**です。そうした中でこそ、個々のエイジェンシーが発揮され、他者との相互作用の中で大きく育つと確信しています。

探究的な学びは、教科の学習でもできます。探究の入り口として、教科の中で取り組むことも重要です。しかし、教科を横断したり、総合の時間で実施したりすることで、より大きなプロジェクトをデザインすることができます。そうした学びに価値を見い出し、子どもと共にプロセスを楽しめる教師でありたいと思っています。授業の在り方をシフトできるかは、我々現場の教員の背中にかかっています。

引用・参考文献

・吉金佳能（2023）『小学校理科　探究的な学びのつくり方』明治図書
・ジョン・デューイ著、市村尚久訳（2004）『経験と教育』講談社
・藤原さと（2020）『「探究」する学びをつくる　社会とつながるプロジェクト型学習』平凡社
・池田靖章（2023）『友だちの夢に耳を澄ます教室』ＩＢＣパブリッシング
・文部科学省（2021）『今、求められる力を高める総合的な学習の時間の展開（小学校編）』東洋館出版社

アクション編 2

ラーニング・デザイン「(Un) Learning Design」へのSHIFT

追手門学院中・高等学校探究科主任・中学校学年主任
池谷 陽平（たいそん）

探究という学び場「(Un) Learning Field」

「すげぇ！」「楽しい！」「好き！」「面白い！」「かっこいい！」が生まれ、それを共有し、尊重し、気づけば没頭していた！　そのような学び場を設計し、実現するのが追手門学院中・高等学校の「探究科」という教科です。

〝To pave the path we strive, nothing can stop our DRIVE.〟
「道なくとも切り拓く　この意志をはばむものはなし」

自ら学びの原動力やモチベーション（DRIVE）を獲得し、未来を切り拓く希望をここで育もうという私たちの覚悟でした。

「探究」という言葉には**「探＝さがす（explore）」**と、**「究＝問う（inquire）」**が共存していると私は解釈しています。あらかじめ目的や意味が設定されていることに取り組むとき、探してしまうのは「答え」です。目的や意味のない旅に出かけるとき、気づいたら「すげぇ！」「楽しい！」コトをさがしています。自らの好奇心が何かを察知すると、そこに情熱が芽生え、追求したくなるものです。追求していると問いがたくさん生まれ、知らぬまにまた次の旅に出ています。こうやって人は学ぶ目的や意味、さらには人生の目的や意味を自ら創ることができるのです。**「さがす」ときに大切なのは「感じる」という感性、「問う」とは「考え続ける」という、振り返って捉え直す思考です。**このプロセス自体が学びであり、楽しさの正体です。

連続起業家である孫泰蔵さんの著書、『冒険の書』にある

「(Un) Learning Field」

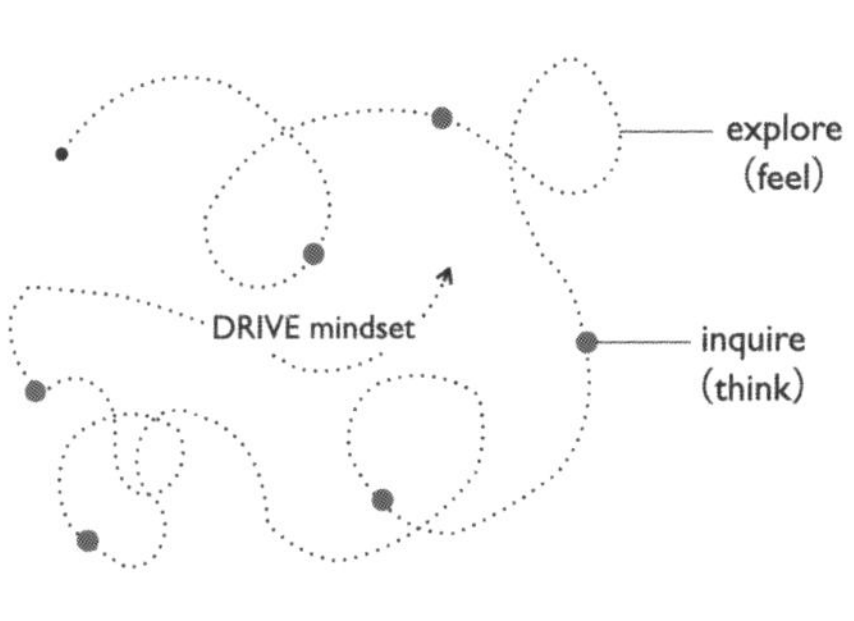

フレーズを借りるならば、「答えようとするな、むしろ問え」という「アンラーニング」の態度が必要だということです。

アンラーニングとは、自分が身につけてきた価値観や常識などをいったん捨て去り、あらためて根本から問い直し、そのうえで新たな学びにとりくみ、すべてを組み替えるという「学びほぐし」の態度をいいます。

まずは私たち大人が、このアンラーニングの態度によってこれまでのティーチング・デザイン「Teaching Design」中心の学びを問い直し、**探究という学びの場「(Un) Learning Field」**を耕すラーニング・デザイン「(Un) Learning Design」へと捉え直す必要があります。その鍵を握るのが、探究学力ともいうべきマインドセット（心のあり方）です。

探究という学び場のマインドセット「(Un) Learning Mindset」

スタンフォード大学の教授キャロル・ドゥエックさんは、「**しなやかマインドセット (growth mindset)**」という心のあり方を提唱しています。その根底には、人間の資質はやる気次第で伸ばすことができるという信念があると述べています。「しなやかマインドセット（growth mindset）」は、自分の能力は固定的で変わらないと信じる「硬直マインドセット（fixed mindset）」と対比して説明されます。このマインドセットこそが、探究という学び場において非常に重要な役割を果たすと考えています。「硬直マインドセット（fixed mindset）」の人は生まれ持った能力は変わらないと考えるため、いかに自分が優れているか証明したり、または隠したりしてしまうような優劣の世界で生きることになってしまいます。分からないことは恥ずかしいと捉え、質問できない教室はその典型ともいえます。一歩一歩経験や実践を繰り返すことでできるようになる！　失敗からこそ学ぶことができる！　という考え方、雰囲気がやる気を引き出します。**「しなやかマインドセット（growth mindset）」に溢れている場がエネルギーを生み出し、可能性を開くのです。**

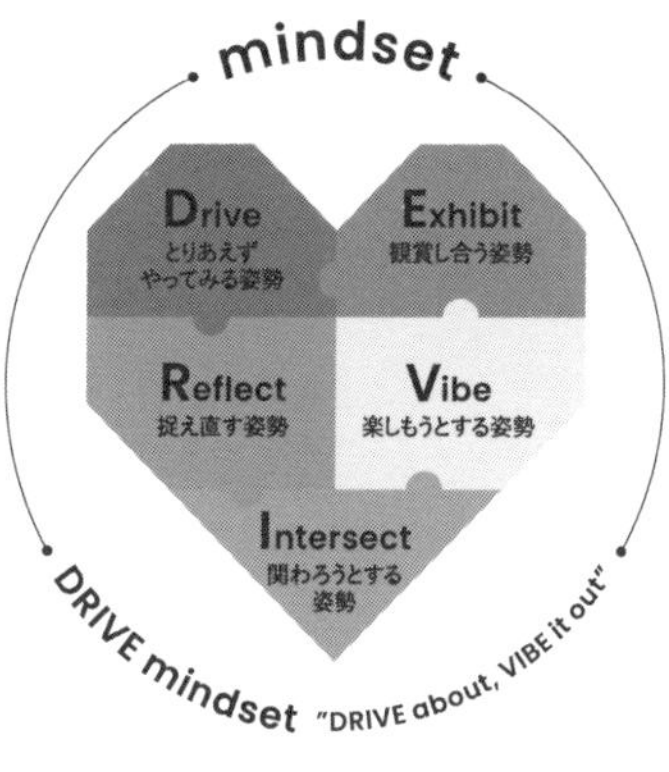

　そこで私たち探究科では「しなやかマインドセット（growth mindset）」を基に、探究と

いう学び場に必須のマインドセットをDRIVE mindsetと名付け、DRIVEの頭文字をとって5つ設定しています。これらの前向きな姿勢が教室にもたらす雰囲気によって、探究という学び場が形成されていきます。

【1】Drive「とりあえずやってみる姿勢」

私たちが最も重要視しているマインドセットです。これがないと何も始まりません。先にも述べたように探究は目的のない旅に出かけることが出発点だと思っています。目的地を決めないドライブに出かけると、普段は見えていないものが目に止まり、思いがけない出会いにめぐり合うこともあります。**とりあえずやってみよう！の合図で身体が動き出す場をつくることができるかどうかがポイントとなります。**

【2】Reflect「捉え直す姿勢」

とりあえずやった後は必ず振り返りの時間を設けています。振り返る内容は基本的には以下の3つです。

○「何をやったのか」という具体的な場面（事実）を取り出すこと。
○そのとき「どのように感じていたのか」というありのままの身体の反応。

○その状態の自分に向き合って、「どのように考えるのか」という思考。

印象に残っている場面を思い出すとき、そこには驚きや好き、悲しみなどの感情が動いていた可能性が高いと思っています。**そのときの感情を振り返ることでその状態に向き合って思考し、気づき（Awareness）に昇華させていくプロセスです。**気づける身体にしていくことで、見える景色やその解像度に変化が起き、問いも生まれやすくなります。自分を捉え直し、世界を捉え直す、そうやって自分と世界のつながりに気づき、自分なりの目的や意味を見出していくという、マインドフルな姿勢です。

【3】Intersect「関わろうとする姿勢」

「交差する」という意味の通り、人と交差するポイントを大切にする姿勢です。わたしたちの活動の軌跡を線で捉えると、いつの間にか誰とでもその線は「交差して」います。**「私に関わりのある共同体である」という感覚を持つことです。**所属するコミュニティの人たちとは関わりがあり、どのように関わっているのか興味を持つことが、より良い人間関係を構築する土台だと考えています。その上に共感という深い心の通い合いが生まれ、その人を助けよう、この場をより良くしようといった思いやりに発展するのです。

［4］Vibe「楽しもうとする姿勢」

「揺さぶる」を意味するvibrateから来ている単語です。vibeには「楽しむ」のほかに「感じ取る」「空気や感情を伝えようとする」「リラックスする」などの意味もあります。**リラックスし、その場を感じ、巻き込んだり巻き込まれたりしながら楽しんでいるうちに、自分の感情が揺さぶられ、本気に変わっていきます。**情動がともなったとき、学びのモチベーションが生まれ、没頭に向かいます。

PLAYFUL Thinkingを提唱する同志社女子大学名誉教授の上田信行先生は、「楽しさの中に学びがあふれている」「プレイフルとは本気で楽しむこと」「プレイフルとは、実現できそうな予感にワクワクすること」「プレイフルとは、あなたが環境との相互作用で身にまとう振舞い」「可能性とはあなたという個人だけに備わっているものではなく、あなたを取り巻く状況に埋め込まれている」といい、常に何かが起こりそうな場を創出しています。間違いなく、情動的で社会的な学びに可能性が秘められています。

［5］Exhibit「鑑賞し合う姿勢」

「鑑（かがみ）」は何かを映し出して見るモノです。まずは探究という学び場での活動を通して、自分の中にあるものをどんな形でもいいから作品として可視化し、映し出すことです。見たり聴いたり触ったり、五感で感じ取ることができる作品があると、「賞（め）でる」ことができます。「賞（め）でる」というのは、ありのままを見るということです。映し出して、ありのままを見合う、つまり鑑賞し合う姿勢があると、お互いを尊重したフィードバックが働き、肯定的な成長を促してくれます。

探究という学び場の道具とコンセプト「(Un) learning Tools & Concepts」

目的のない「すげぇ！」「楽しい！」学びを生み出し、気づけば没頭し、自分なりの目的や意味を創る「学び場の設計」に入っていきましょう。私たち探究科は、3つの道具、「Production Model」「Art」「Design」と、3つの設計コンセプト「be Original」「be Creative」「be Confident」の組み合わせで学びを設計しています。設計コンセプトは、段階的に存在するのではなく、混在することで探究という学び場が耕されていくと考えています。どのタイミングで何をするか、それを見極めながら学び場を設計することが、新たな先生の役割となるのではないでしょうか。

道具［1］Production Model

DRIVE Mindsetをプロジェクトに埋め込むために使っているモデルです。これまでの実践を振り返り、独自で開発したモデルです。ここで大事なのは、**何かを生み出そうとするのではなく、楽しくとりあえずやってみたら、生まれていた、というProductionにおける仕掛けです。**ArtやDesignという道具を工夫することで、MITメディア・ラボの教授であるミッチェル・レズニックのいう「幼稚園児のように学ぶ」創造的な空間を設計し、感性や思考にアクセスしていきます。

道具［2］Art

アートを鑑賞する、作品を創るという営みは、「自分自身との対話」そのものだと思います。アートを扱う目的を自己対話に設定し、スキルによって上手い下手などの判断が起きないようにする工夫が必要です。直感で作る、今までやったことのない方法で描くなど、多様性が見込めそうな作品選定や、自分の

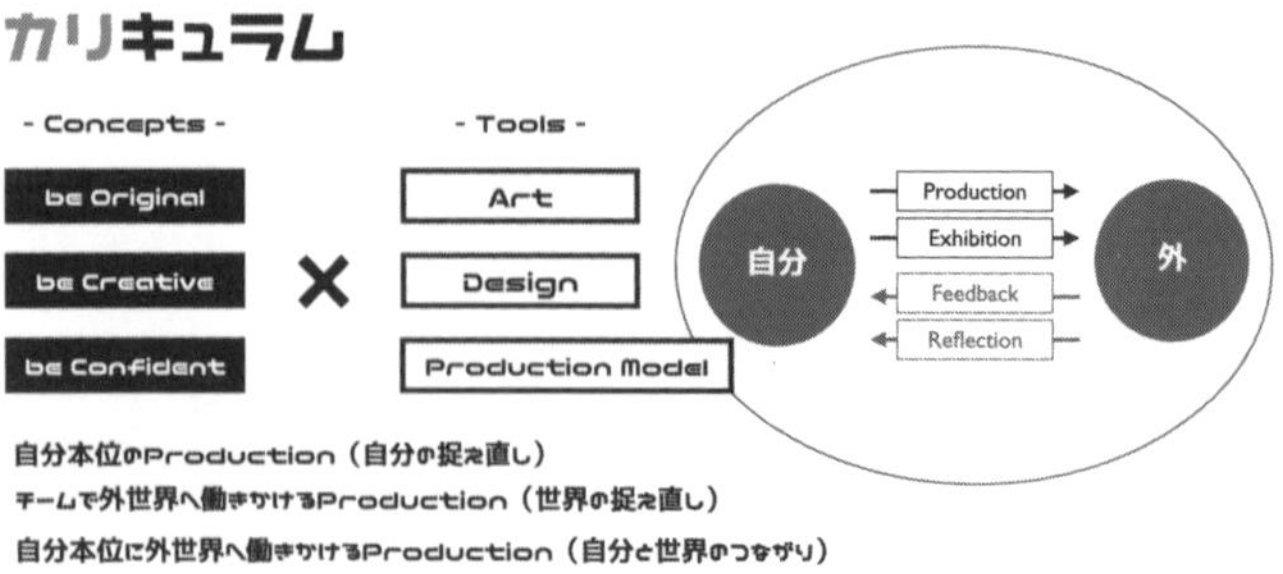

好きな手法を選べるといった仕掛けで、アートに没頭できるマインドフルな自己対話の時間を、ゆっくりと過ごすことに意味があります。『13歳からのアート思考』の著者、末永幸歩さんはアートを植物に例えて、次のように表現しています。

「アートという植物」は「表現の花」「興味のタネ」「探究の根」の3つからできています。しかし、空間的にも時間的にもこの植物の大部分を占めるのは、目に見える「表現の花」ではなく、地表に顔を出さない「探究の根」の部分です。

「探究の根」まで降りて、その複雑さに目を向けるためには、充分な時間と豊かな場が必要です。

道具【3】Design

デザインとは、目的に沿って設計したり、またはその設計を具体的にカタチにしたり、解決策を見出すという営みですが、**その本質は「コミュニケーション」にあると考えています。**ここでいうコミュニケーションは、自分（たち）の外へのアプローチをさします。コミュニケーションの力を実感し、目的以上の何かが場に溢れ出てくることを楽しみます。

コミュニケーションが自然と流れるように、みんなの興味関心範囲内、共感エリア内に学びを置く工夫が必要です。できるだけ身近な素材、題材を扱う、自ら目的を設定するといった仕掛けで、誰かと話したい、話さなければやりたいことが達成できない、という内発的動機に基づく行動が起きることに意味があります。

設計コンセプト［1］be Original

身体的・情動的な「感じる」学び場のコンセプトです。「わたしオリジナルの感性（独創性）」に気づくことで、自らのメンタルモデルという固定観念をいったん捨て去ることにつながり、自分自身を捉え直していきます。**心を耕す豊かな場で、自らの感性で自分だけの視点を獲得し、自分独自の意味や目的を見つけていくための学びです。**

設計コンセプト［2］be Creative

社会的な「関わる」学び場のコンセプトです。「わたしたちの創造性」によって新しいものが生まれることを実感し、既成概念を打破しながら、世界を捉え直していきます。自分だけの視点が共同の中で生かされることで生まれる、**共同創造性（Collective Creativity）の世界を実現するための学びです。**世界の最も創造的な企業の数々を分析し、「Collective Genius」の共著者であるハーバード大学の教授、リンダ・ヒルさんはTED Talks「集団の創造性をマネジメントする（How to manage for collective creativity）」の中で、「より良い未来を創造したいなら、私たちの課題を再考する必要があります。みんなの天才の片鱗が解き放たれ、生かされ、集合天才（Collective Genius）の作品となるような、そんな場を創りだすことです。」と語っています。

設計コンセプト［3］be Confident

精神的な「挑戦する」学び場のコンセプトです。「わたし（たち）の自信」を育み、パッションを共にできる場の創出を目的としています。自らの意思でプロジェクトを立てる、ステージに立つという経験を経て、**行動する力を生み出していく学びです。**

探究という学び場の設計「(Un) learning Design」

2つの設計コンセプトに、それぞれ Art と Design を掛けた実際に展開しているプログラムを、Production Model に沿って紹介していきます。

設計［1］be Original × Art――第3の目プロジェクト

■準備物　紙、ブレスト紙（ブレインストーミング用に裏紙などを小さく切った紙）、画用紙、ハサミ、のり（ボンド）、プロッキー（カラーペン）、輪転機のマスターの芯（ファックスの

芯などでも代用可能)、ポストイット、iPad(スマホ)

■**概要**　普段とは違った方法で知覚することで、まずはこれまで見過ごしていたものを発見するところから始まります。このプロジェクトでは筒を使って視界を極端に狭め、視覚の仕方を変えてみます。その視野でよく観察しながら気に入ったものを写真に収め、作品にし、鑑賞できる状態にします。自分の目で鑑賞し、知覚し直すという知覚との対話を通じて、「自分なりの見方」を捉え直します。また、ペアやグループで対話型鑑賞を行い、自分の作品に対してその人なりの見方をフィードバックしてもらうことが、自分の深い気づきを促すことも知っていきます。対話を通じて違いや正解のない世界を実感することもでき、知識に偏ったモノの見方、考え方から脱し、自分の感覚、記憶、想像力のパワーを知るいい機会だと思います。わたしオリジナルの世界の感じ方を実感していきます。

■**導入**　人は見えている範囲の一部分しか見ていない。自分の都合のいいように見ている。大切なものを見過ごさないように、「見る装置」を作ろう!

■**Production**

①目ブレインストーミング

グループで座り、出されたお題をブレスト紙に10秒で描き、同時に中央へ出して見せ合います。これを何回も行うことでアイデアを発散させて、自分が作りたい目を想像していきます。お題は例えば、「人の目」「怪獣の目」「ヒーローの目」「悲しい目」「驚いた目」「派手な目」「未来を見る目」「おめめ」など、自然といろんな種類のものを想像できることを心がけています。

②第3の目を作る

ブレストのアイデアを生かしながら、画用紙に自分の思う第3の目を描き、ペンで色を塗ります。ハサミで型取り、目に小さな穴を空ければ出来上がり。それを、学校には必ずとあると言ってよい輪転機のマスターの芯（筒）をためておき、その先の部分に貼り付けて、装置の完成です。

③見て回る

第3の目の視界だけで校舎中を歩き回ってみます。そうすると、見えているはずなのに見過ごしていたものが目に止まります。それをよく観察し、いいなーと思ったものは、その視界越しに写真を撮っておきます。

■Exhibition／Feedback

④自分の写真を鑑賞

写真を iPad（スマホ）に表示させ、まずは自分の日でじっくりと鑑賞します。

⑤対話型鑑賞

３人グループになり、まずは１人の写真を表示させて、そこに「何が見えるのか」を３人で50個言えるまで頑張ろう！と言いながらいろんなモノを探します。これを３人分、順番に行います。次に同じ要領で「どこに目がいって、どう感じるのか」１人ずつフィードバックし合いながら、ゆっくりとした時間で鑑賞を楽しみます。

⑥展示会

全員自分の写真を表示させて机におき、歩き回って鑑賞します。１人７枚ほどポストイットを持ち、ピンときた写真に「どこに目がいって、どう感じるのか」を書いてフィードバックを残します。対話型鑑賞をやった後なので、自然と写真の隅々まで観ようとする姿勢に気付きます。

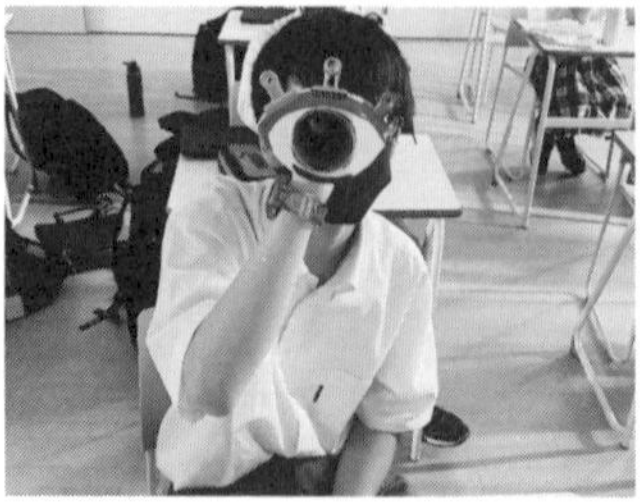

⑦鑑賞し直す

自分の席に戻り、フィードバックを読みながら改めて自分の写真を観てみると、第一印象とはずいぶん違う写真になっていることに気がつきます。写真が変わっているのではなく、自分の世界の見方が変わったということです。自分の見方と他の人たちの見方を散りばめることで、複雑にみんなのありのままを受け入れることの価値を体感するのではないでしょうか。

■Reflection

○問い「第3の目を作っているとき、第3の目で見て回っているときに気づいたことは何ですか？」（中学1年生より）

「自分が、あったらいいなと思う目を作るのは難しかったけど、今回作れた第3の目が好きになりました。自分が一生懸命に作った物は、自分がこれは好きだと思える物だと思いました」

「自分は未来の目を参考にしたが、色々な目を描いてそれをずっと見ていると、これとこれを組み合わせたらもっと良い作品になるのじゃないか、と色々な方向性が見えました。このことから、一つからさらに広げていくことでもっと良い作品になるのではないかと考えました」

「毎日生活していてもあまりいつも見ているものが大きく変わっていることは滅多にありませ

んが、第3の目があると大きな変化はなくとも小さな変化を見つけることができると思います
し、狭い視野でも小さな変化を味わいながら毎日を過ごすのも良いなあと思いました」

ここで紹介しておきたいのが、毎回授業の冒頭、前回の振り返りを、名前を伏せて共有していることです。できるだけ様々な気づきをピックアップして読み上げ、教室に起こっていた見えない変化を共有する時間は子どもたちも好きなようです。前提として、先生は必ず全員分の振り返りに目を通すことになります。これは表面的な活動だけでなく子どもたちの気づきが見えるため、実は教室の状況を把握する最良の方法だと思っています。そして、子どもたちのすごさに触れる時間でもあり、先生の安心材料にもなるのです。

設計［2］be Creative――シューズ・コレクション［× Design］

■準備物　段ボール、色画用紙、ブレスト紙、ハサミ、のり、テープ

■概要　チームで行う中期プロジェクトです。ミッションは「チームメンバーの誰かが自然と笑顔になれる靴」を制作せよ！です。10時間程度にわたって一緒にミッションを遂行するチームメンバーと関わりながら、「チームとは何なのか」「チームで1つの靴をどうや

って創造すればいいのか」を探究しては振り返ります。時間が経てば経つほど振り返りの内容に変化が見られ、人間関係が熟していくのを見て取ることができます。これまで関わったことのない人とコミュニケーションをとり、時間をかけて1つのものを創り上げる経験はとても貴重で、人との関わりを見直し、この先の学校生活を変えてしまうくらいインパクトのあるものです。チームの代表者が自分たちの創った靴を実際に履き、音楽ガンガンのランウェイを歩いてみんなで大盛り上がりするシーンは、まさに共同創造性のエネルギーが充満した希望を感じる場です。

■**導入**　できる限り多様性を考えて、4人グループを組んでください（4クラスを同時に展開しているので、150名近くのチームメイト候補がおり、その中からできるだけ話したことのない人に話しかけるというチャレンジから始めています。最終的にほとんどのチームがクラスを超えてチームを作ってくれます）。

■**Production**

①チームアグリーメント

このチームで大切にしたいことを出し合い、合意形成しながら紙に書きます。毎回集まるときにみんなで確認し、共通認識を持ってスタートできるようにします。

②ブレスト

「笑顔になる瞬間」をブレストしていきます。初対面のチームメンバーがいることを考えて、「声に出す！」というルールをきちっと確認し、意思疎通が図られる仕掛けを心がけます。

③ラフスケッチ（個人）

自分が笑顔になれる要素を組み込んだ靴をデザインしていきます。いくつかラフスケッチし、しっくりくるものを選びます。

④ラフスケッチ（チーム）

順番に自分が笑顔になる靴をプレゼンしていきます。その中で最も実現したいものをチームで選び、その時点で選ばれたメンバーがコミュニケーションの対象となります（チームの外と中を行き来します）。コミュニケーションを通じて、実現したい「チームメンバーの誰かが自然と笑顔になれる靴」のアイデアを反映させたラフスケッチを完成させます。

⑤実際に作る

ラフスケッチを実際にカタチにしていきます。細かい部分は作ってみないと分からないので、チームで試行錯誤する時間が６時間程度続いていきます。実際に履いて歩ける靴を作成する必要があります。途中にチームビルディングを入れるなど、少しチームのコミュニケーションの手助けが必要なときもあるので、臨機応変に対応していきます。でも気をつけないといけないのは、こちらが操作しすぎないことです。最後まで自分たちでやり切った先に見える景色もあると、最後の振り返りを読んでいていつも思います。

■Exhibition／Feedback

⑥鑑賞フィードバック

４人チームで役割分担をして鑑賞会を実施します。１人はモデル役、１人は解説役、２人は鑑賞役です。モデル役、解説役は席に残り発表します。モデルは相手に靴が見えるように履いて立ちます。解説役が話し出すことで鑑賞がスタートします。２人の鑑賞役は時間中にできるだけ多くのチームを

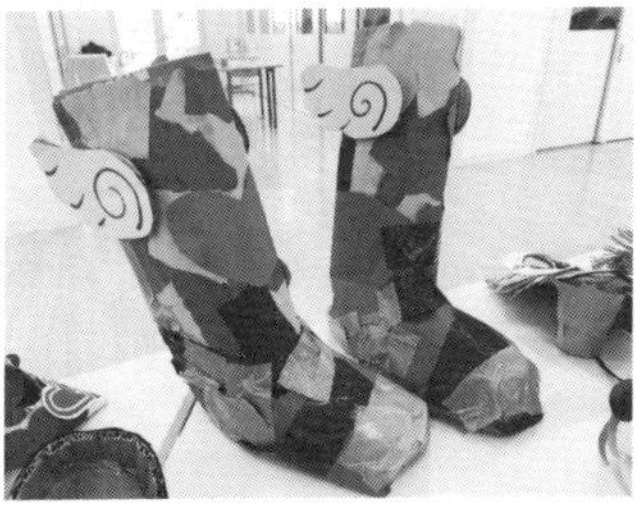

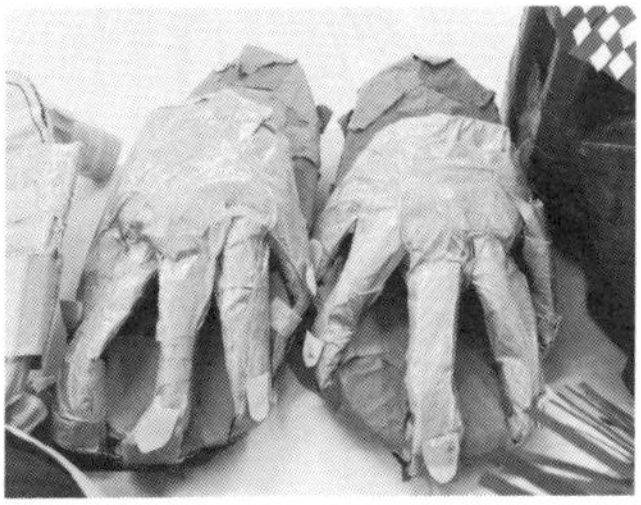

周り鑑賞します。その際、「どんな気持ちになったのか」「どう感じたのか」を、解説を聞いた後に紙に書いてフィードバックします。全体の鑑賞時間の半分で、役割を交代します。モデル役はどんなフィードバックをもらったのか、チームに伝える役割も担っています。

⑦追手門シューズ・コレクション

最後に、廊下にランウェイを準備します。モデルはもちろん選ばれたメンバーで、みんなが取り囲み音楽が流れる中を堂々と歩きます。これまでのコミュニケーションの結果をこの場の空気で感じることができます。

■ Reflection

○問い「自分たちのチームがこのプロジェクトで起こした行動を振り返ってみて、チームというものについてわかったことを教えてください」（高校１年生より）

「チームっていうのはなろうとしてなるものではなく、それぞれがお互いに歩み寄って、互いを少しずつ出して互いを知っていくことでなれるものなのかなと思った。これを言ったらどう思われるかとか考えるのも大切かもしれないけれど、自分がどう思っているのかを相手に伝えることがまず最初のスタート地点なのかもなと思った。みんなそれぞれ得意分野・苦手分野が違って、それぞれがそれぞれを補っていくことが大切なのかなと思った」

「分からないところや苦手なところをほかの人の得意なところなどでカバーし合った結果いいものに進化していったことを学んだ」

「以前はチームとは同じ目標を持った人の集まりだと思っていたが、今回の授業を通してこれに加えてそれぞれがみんなのいいところを知っていて互いに尊重しあえる関係のある集まりだと思った」

おわりに

学びは「やる気」が全てです。この「やる気」が湧き出る場にはマインドセットが必要だということです。「やる気」を引き起こす道具は、みなさんが持っています。学校の先生なら、例えば教科の知識もその道具です。その面白さを本気で伝えているでしょうか？知識を使って遊んで、それをアートやデザインで表現すると、五感で学ぶことになります。

身体を動かさないと、手で触ってみないと、ちゃんと聞いてみないと、ありのままを見てみないと、踊ってみないと、歌ってみないと、腹から声を出してみないと、分からないことがあります。感情が動くとき、情動となって自らの身体をありのままの方向へ導いてくれます。この学びこそが、わたしたちのあり方に訴えかけ、優しく人や環境と付き合う姿勢を生み出してくれると確信しています。まずは子どもたちとともに、学校を楽しく豊かで創造的な空間にすることこそが、私の考える「学びのSHIFT」です。

DRIVE about, VIBE it out!!!

参考文献

・上田信行（２０２０）『プレイフル・シンキング［決定版］働く人と場を楽しくする思考法』宣伝会議
・孫泰蔵（２０２３）『冒険の書　ＡＩ時代のアンラーニング』日経ＢＰ
・末永幸歩（２０２０）『「自分だけの答え」が見つかる13歳からのアート思考』ダイヤモンド社
・キャロル・Ｓ・ドゥエック／今西康子訳（２０１６）『マインドセット「やればできる！」の研究』草思社
・ミッチェル・レズニック、村井裕実子、阿部和広／酒匂寛訳（２０１８）『ライフロング・キンダーガーテン　創造的思考力を育む４つの原則』日経ＢＰ
・ダニエル・ゴールマン、ピーター・センゲ／井上英之監修・翻訳（２０２２）『21世紀の教育　子どもの社会的能力とＥＱを伸ばす３つの焦点』ダイヤモンド社

Chapter 3

「学校」のSHIFT

ウェルビーイングと教師の学び

「学校」の

SHIFT

ウェルビーイングと教師の学び

ビジョン編

組織が教師の学びを支え、教師の学びが組織を変革する

中田　正弘
白百合女子大学教授

人工知能（ＡＩ）技術の飛躍的な発達により、本来、人間にしかできないと考えられていた知的な活動や仕事も、機械であるコンピュータが行える時代になってきました。学校教育における生成ＡＩの活用は、子供たちの学習の効果や教師の仕事の効率化などの面で、大きな期待が寄せられています。もちろん、さまざまな配慮やリスクへの対応は必要ですが、こうしたテクノロジーの発達は、子供たちの学び、さらには学校や教師の役割にも変化を求めてくることは間違いありません。教師の働き方も変わってくるはずです。本稿では、こうした状況を踏まえつつ、教師はどのように教育活動を改善し、アップデートを図っていくか、また、教師（個人）と学校（組織）はどのような関係性のもとに、教師個々の学びと組織の変革を支えていくのかについて検討してみたいと思います。

「知識が豊富にある時代の教育」への移行

不朽の名作『二十四の瞳』（壷井栄）は、昭和3（1928）年の「瀬戸内海べりの一寒村」の分教場を舞台に物語が始まります。主人公の大石先生は、女学校の師範科を出た新米教師です。当時、まだ珍しかった自転車に乗り、洋服で分教場に向かう姿に、子供たちも村の人々も、まるで不意打ちを食らったかのような驚きと半ば呆れたような目を向けます。しかし、温かく、熱心に子供たちに向き合う大石先生は、子供たちから慕われ、村の人々からも信頼されていきます。およそ100年前の光景ですが、その姿はいまも新鮮であり、教育の原風景を見るような思いがします。

この小説で描かれている学校は、まさにその地域の文化の中心であり、教師は、多くの知識を持った人です。小説の中では、子供たちが教師の質問に答えたり、一緒に歌を歌ったりする場面が生き生きと描かれています。ごく自然な教師―子供の関係です。しかし、子供たちにとって、新しい知識の多くは教師から受け取ることが中心の時代でした。一方、今日では、子供たち一人一人が、タブレット端末等を活用し、いつでもどこでも、そして教師が持っている以上の情報を入手できる状況へと大きく変化しました。

現在の教育は概して、知識が不足している状態を前提にしている。そのため、知識を伝授し、生徒がそれをどの程度記憶できるかをテストすることが教員の役割になる。しかし、第1章で触れたように、インターネットでやり取りされるデータの量は、2018年の時点で推計1・8ゼタバイトに上っている。これは、人類が歴史を通じて記述してきた言葉の合計を上回る量だ。**世界は、知識が不足しているのではなく、知識が豊富にある時代に移行したのだ。**（太字は筆者による）

これは、アンドリュー・スコットとリンダ・グラットンによる『LIFE SHIFT2 100年時代の行動戦略』（2021）の中の一節です。彼らは、今日の環境の変化を背景に、知識の獲得を目指す「生徒」から、**スキルとそれを実地に適用する能力の獲得を目指す「学習者」へと転換するべき**だと言います。これは、単に授業の形式的な転換を求めるものではなく、今日の情報が豊かにある時代の中で、学校という教育機関は、どのような役割を果たしていくべきなのかという問いがあるように思います。では、「知識が豊富にある時代の教育」とはどのような教育なのか、考えてみたいと思います。

授業の変化、教師の役割の変化

「教える」という行為は、人間にしかできないと言われます。しかし、豊かな情報が容易に入手できる時代になり、またテクノロジーの発達により、教師が子供たちに、学習内容を分かりやすく「教える」「解説する」という割合は相対的に減り、反対に、「どのような方略を使って学ぶか」「学んだことをどう生かしていくか」といったことを助言したり、一緒に吟味・検討したりしていく割合が増えていくように思います。

図1の左図は、教師が教えるべき内容と正答を持ち、学習者である子供たちに指導していく方法です。指示・伝達が指導の中心になり、子供たちは、常に教師と正対することが求められます。授業中は教師

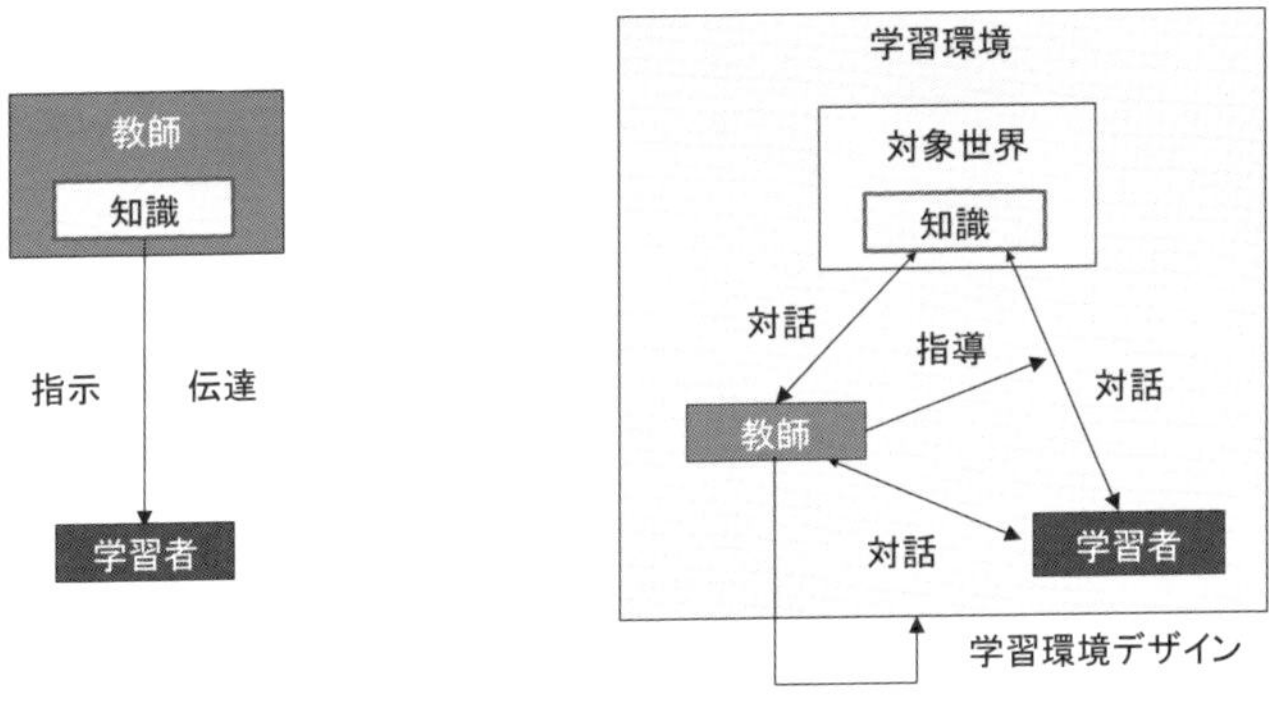

図1　学習者、教材、教師の関係構造
石井英真（2015）p.45を参考に筆者作成

と子供たちとの対話も生まれますが、子供たちは、教師のもっている正答を推理していく活動が多くなります。

一方、右図は、教師が学習内容と正答を解説するのではなく、子供たち自身が教材と向き合い、必要な情報にアクセスしたり、友達や教師との対話を通じて考えたり、表現したりしながら、解決を目指していく授業のスタイルです。知識が豊富にある時代の一つの学びの姿と考えます。子供たちは、自らの意志・判断を生かして学習を進めることができるので、一方的に教師の話を聞く授業より、はるかに主体的に学習に参加していきます。授業は、必然的に、**一律一斉型ではなく、自律分散型になります**。とはいえ、一人一人の学びの質を保証していくには、やはり教師の役割が重要になります。豊かに教材研究を行うことはこれまでと同様に大切です。同時に、次のような役割が大切になると考えます。

- 目的とゴールを明確にした学習の枠組み（単元や題材）と、必要なリソースを用意するなど、**学習環境をデザインしていくこと**
- 学習の方向性を示したり、形成的評価に基づくフィードバックをしたりするなど、**伴走者として、一人一人の学びの質保証に向けた支援をしていくこと**

・子供たちが自律的に学習を進めていけるように、スキルや学習方略を育成していくこと

教師はどのように教育活動を改善していくか

教師の教育活動の中心は授業です。知識が豊富にある時代の教育は、知識を伝授する教育から、子供たちが自律した学習者として、学習の目的とゴールを共有し、獲得した知識やスキル等を活用しながら課題を解決していくような授業への移行が期待されます。指導すべき内容や教材を整えることはもちろん、それらを駆使して学ぶことができる学習活動や活動スペース、利用可能なツールなどを検討してくことが必要になります。もちろん、支持的風土のある学習集団を育てていくことも含まれるでしょうし、困った時に教えてくれる、相談に乗ってくれる教師もいるはずです。

山内（2020）は、学習環境について、空間・人工物・活動・共同体の4要素で構成することを提案しています。このうち、空間・人工物は物理的学習環境、活動・共同体は社会的学習環境にあたります。それぞれの要素に対する考え方やデザインの仕方などは、

子供たちの発達段階や教科特性、指導内容等によっても変わってくると思います。しかし、子供たちが必要な情報を入手したり、対話したりできる居心地のよい空間（教室やオープンスペースなど）やニーズに応じて利用できる多様な人工物（教科書や教具、タブレット端末等）、学習の目的を実現するためのチャレンジングな課題や活動、さらには、目標を共有した友達や教師などの共同体等を検討し、整えていくことは、いずれの教科等の学習においても適用できる考え方だと思います。**学習環境をデザインするということは、子供の学びの可能性を信じ、それを最大限に発揮させようとする学習機会を提供すること**であると考えます。しかし、どのようにデザインするか分からなければ、子供たちの豊かな学びにつながらない可能性があります。例えば、ここで取り上げた「社会的・物理的学習環境の視点」「個々の子供の学びの質保証に向けた支援をしていこうとする教師の役割の視点」などを基に、教育活動を見直したり、構想したりしていくことを提案したいと思います。

日常的なリフレクションで自ら成長プロセスを創り出す

２０１５（平成27）年の中央教育審議会答申[1]は、「教師は学校で育つ」という考え方を示し、ＯＪＴや校内研修の充実に関する方策を提言しました。まさに、学校を基礎とした学び合うコミュニティーの構築です。ここでは、学校組織の中で、教師がどのように自身のアップデートを図っていくことができるかという点について検討してみたいと思います。

①教師の日々の貴重な経験を大切にする！

多くの学校で、校内研究・研修が盛んに実施されています。研究授業と協議を中心とした研究会、教育相談やＩＣＴ活用等の知識・スキルの向上を図る研修会、さらには、教育課題等を学ぶ研修会などがあります。内容も回数も学校によって違います。また、校内のメンバーだけで実施する場合もあれば、外部講師を招聘することもあります。

しかし、こうした研究・研修の実施には、どうしても時間が必要です。学校における働き方改革の推進が求められる中で、どのように効果的に研究・研修を進めていくかということはとても重要な課題になっています。例えば、最近進められている教育委員会等のオンライン講座の活用は、受講の場所も時間も柔軟になるという面で、有効なアイデアのひとつだと思います。いずれにしろ、教師の学びのニーズが生かされ、一人一人が効力感を得られることを大切に企画・実施されるべきだと考えます。

一方で、**教師の学びは、意図された研究・研修の機会に限りません**。教師は、日々の教育の中で、**自己の学びにつながる貴重な経験をたくさんしています**。ジョン・デューイ

（1916）は、『民主主義と教育』のなかで、「何らかの思考という要素をともなわなければ、意味のある経験はあり得ない」と明言しています。

米国のロミンガー社などの調査によると、成人における学びの70％は自分の仕事経験から、20％は他者の観察やアドバイスから、10％は本を読んだり研修を受けたりすることから得ていると言われています（松尾2011）。このデータを参考に考えてみると、教師の成長も、制度化された研修や校内で企画された研究授業などにとどまらず、**職場（学校・教室）での経験をどのように学びに生かしていくかという点が強調されます**。とはいえ、直接経験だけでは得られない知識は多々あります。例えば、研究授業で他者の授業を参観することで、効果的な指導方法等を「見て学ぶ」こともあるでしょうし、自身の授業を振り返ったり、意味づけたりすることもできます。その意味で間接経験も大切にすべきと考えます。

中原（2023）は、職場学習を「人の学習は、職場における経験と意図的な内省、それらを支える、人々との関わりにある」と考える一連の理論群であると説明をしています。そして、「何を学ぶか」にとどまらず、「誰と学ぶか（誰に支えられて学ぶのか、どのような人間関係の中で学ぶのか）」や「どういう現場（職場風土の中）で学ぶのか」といったことが問われると言います。この指摘は、本稿のテーマである、個人（教師）と組織（学校）の関係を考えるうえでとても示唆的です。では次に、教師の成長を支えるリフレクションについて考えてみたいと思います。

②リフレクション（省察）という学び方

教師の日々の職務経験をもとに、それぞれの成長プロセスを創り出していくために実践したいのが、**リフレクション（省察）**という手法です。事前の準備や実施のための時間設定等をそれほど必要としない学び方です。

リフレクションは、近年、学校現場でよく聞かれるようになってきた用語の一つです。「振り返り」と同等の意味で用いられるケースもありますが、それだけでは十分ではありません。もちろん、リフレクションのプロセスには、自身の経験の振り返りは必要ですが、それは単に反省や確認を促すものではなく、**「経験から得た学びを次に生かすこと」**こそが大事にされなければなりません。つまり、**経験をていねいに振り返って、学びを引き出し、次に生かすことこそがリフレクションの意味**だと考えています。ていねいにと書きましたが、まさにそこにポイントがあります。学びを引き出すリフレクションには、それにふさわしいツールが必要です。オランダ・ユトレヒト大学で教師教育研究に取り組んだコルトハーヘンは、教師がすでにもつ先入観は実践場面の考え方や行動を規定しており、新しい段階への移行を促すためには、今まで積み上げてきた経験を振り返り、それを新しい構造にまとめていく必要があるとして、省察のための理想的なプロセス「ＡＬＡＣＴモデル」を提唱しました（図２）。このモデルには、５つの局面があり、それぞれの頭文字をとってＡＬＡＣＴ（アラクト）モデルと名付けられています。

ＡＬＡＣＴモデルでは、第2局面の「行為」の振り返りが重視され、ていねいで深い振り返りを促す質問項目も開発されています。それが図３の「８つの問い」です。この問いは、行為の背景にある「思考」「感情」「望み」を、「自分」と「相手（子供、同僚など）」を視点にそれぞれ掘り下げていくように作られています。例えば、授業中に違和感を覚えた場面などを取り上げ、「８つの問い」を基に記述してみることで自分と相手の違いに気づき、どこに違和感の本質的な要因があったかが見えてきます。その気付きは、次の一手、つまり改善策を考えていくうえで貴重なヒントになります。

③学年会等を活用したグループリフレクションの進め方

リフレクションは、一人で行うこともできますが、グループで行うことで振り返りが深まり、また、他者からのフィードバックを得ることもできます。学年会などを利用し、３

〜5人程度で実施するといいでしょう。その際、「場の安全・安心」と「フラットな関係性」が実施の前提条件になります。それは、リフレクションでは、行為の背景にあった感情にまで掘り下げていくことを重視しているからです。また、グループで実施する場合には、参加メンバーの中から、AL

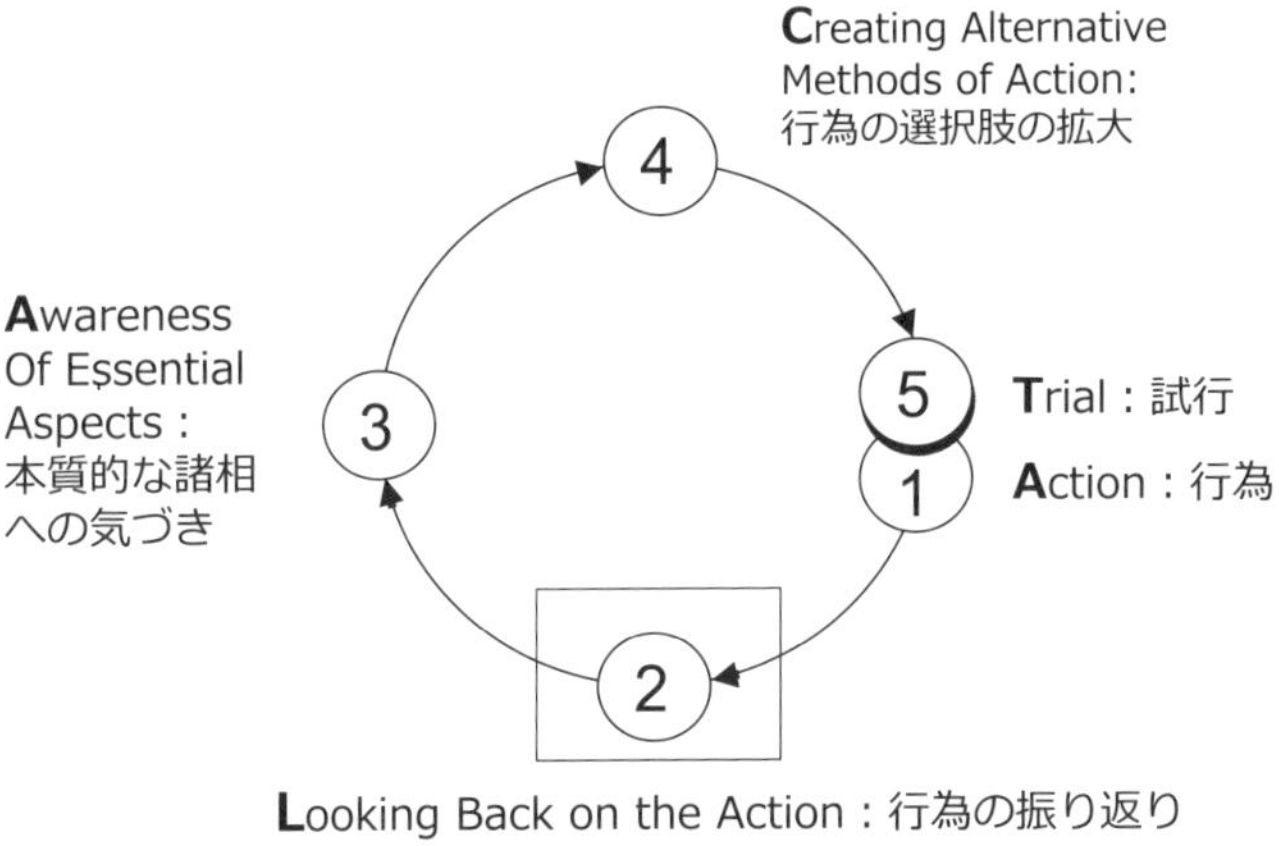

図2　省察の理想的プロセスを説明する ALACT モデル

0．その事象の文脈はどのようなものだったか？	
1. 私は何をしたのか?	5. 相手は何をしたのか?
2. 私は何を考えたのか?	6. 相手は何を考えたのか?
3. 私はどう感じたのか?	7. 相手はどう感じたのか？
4. 私は何をしたかったのか?	8. 相手は何をしたかったのか?

図3　第2局面において具体化を促す「8つの問い」
中田（2019）p.40より作成

ACTモデルに沿ってリフレクションを促すコーチ役を置くとよいと思います。コーチ役は、必ずしもベテラン教員である必要はありません。若手がコーチ役になり、ベテランが報告者となってリフレクションしていくことも大切です。そのことが、フラットで学び合う関係性を築いていくことにもつながります。グループでリフレクションを行う際の手順を大まかに示します。時間の制限はありませんが、ブレイクタイムを利用して実施することを考えると、一人の報告者に対して、50分程度で行うのがよいと思います。

・報告者は、授業等で違和感を覚えた行為や場面等（第1局面）を話題として取り上げ、その時の状況を報告します。他のメンバーは、それを傾聴します（第2局面前半）。
・メンバーは、「8つの問い」を基に、報告者が語っていない部分やもっと掘り下げて聞きたい事柄を質問します（第2局面後半）。最もていねいに行いたい局面です。
・コーチ役は、第2局面で十分掘り下げられたと判断したところで、行為の背景にある本質的な要因を言葉にしていくことをメンバーに促します（第3局面）。ここでは例えば「生徒に自分の思いを伝えることに不安を持っていた」「○○の行動について先入観を持ってみていた」などといった、やや抽象的で汎用性のある言葉として整理されていきます。「つまりそういうことだったのか」という感覚が持てるとよいと思います。

・第4局面は、「ではどうすればよいか」「どんな方法があるか」といったアイデアや参考になる図書等についての話し合いになります。報告者が、リフレクションしてよかったと思えるようなポジティブなフィードバックが期待されます。

・そして、第5局面は、第3局面、第4局面で得たことを基にした再チャレンジです。他のメンバーも一緒に再チャレンジしていくのもとても良いと思います。

このように、ＡＬＡＣＴモデルを使ったリフレクションは、教師個々の職務に基づく具体的な課題やその背景にある本質、さらには改善の方向性等を明らかにしてくれます。こうした教師の経験に基づくリフレクションは、それぞれの教師が自身の成長プロセスを創り出していくことを可能にします。

なお、**報告者が取り上げる話題は、「違和感を持った行為や場面」だけでなく、「うまくいったと感じた行為や場面」を取り上げることも有効です。**成功体験には、自分の強みが含まれています。それを言葉にすることで、その人の人として、教師としての強みが共有されます。何回かのリフレクションで、メンバー全員の強みを共有していくとよいと思います。ALACTモデルと「8つの問い」は、リフレクションを行うための有効なツールになります。関心のある方は、『リフレクション入門』（坂田ら2019、学文社）を参考にしていただければと思います。

教師の個々の学びが、協働性と挑戦性のある組織を創る！

①組織は人の強みの集まり

学校は教育目標を設定し、その実現に向けて教育活動を推進する組織体です。この組織は、管理職や教職員、学校の支援に関わるスタッフ等によって構成されています。学校に限らず、自分が所属する組織の雰囲気や関係性等は、その場の居心地や風通しの善し悪し、仕事へのモチベーションにも影響を与えます。組織の中にある暗黙の了解は、ポジティブに働くこともありますが、例えば、定刻に仕事を終えて帰宅するのは気が引けるといったネガティブな行動につながることもあります。組織風土とは、構成員によって明示的あるいは黙示的に知覚され、構成員の考え方や行動、感情に影響を及ぼすと考えられる一連の特性（規範、価値観等）の集合体とされています（片岡2012）。図4の組織風土の氷山モデルでは、上部に理念、ビジョン、方向性等の明示的な規範、下部には、仕事面や人間関係面などの黙示的規範が示されています。これは、学校組織にも通じます。明示的規範である教育目標や経営ビジョンがどれほど高邁であっても、それが組織内で共通理解されておらず、かつ仕事の進め方として、失敗が許されない雰囲気の組織なら、教師は委縮し、チャレンジすることが難しくなります。やはり、組織は一人一人の強みの集まりと考えたいと思います。そして、その強みをどのように生かして目標を実現していくかを検討し、実践に結び付けていくことが、まさに管理職の経営手腕にほかなりません。ポジティブ心理学者のバーバラ・フレドリクソン（2010）は、**ポジティビティは、成功や健康の状**

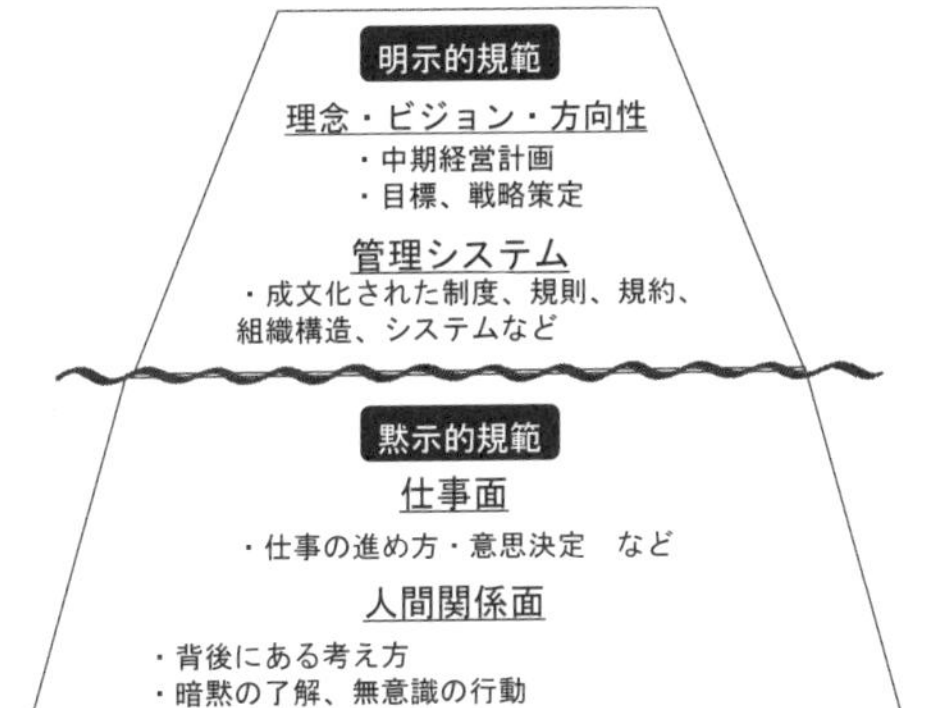

図４　組織風土を構成する規範
片岡（2012）p.74を参考に筆者作成

態を単に反映したものではなく、同時に成功や健康を生み出すものだと言います。

興味深いデータがあります。これは東京教育研究所（2024）で実施した教員の働き方改革に関する調査研究です。働き方改革に関する様々な「打ち手」とその効果を分析するとともに、組織風土と働き方改革の関係を分析しています。この調査研究では、組織風土を「協働性」と「挑戦性」から捉え、その「ある」「なし」で4群分けしています。「協働性」は「あなたの学校では、教育課題等の改善に協力して取り組もうとする雰囲気がありますか」、そして「挑戦性」については、「あなたの学校では、既存のやり方にこだわらず、新しいことに取り組む雰囲気がありますか」という質問項目をもとにしています。結果、「協働性」の高い学校組織では、働き方改革の取り組みが進んでおり、かつ、それに「挑戦性」が加わると、より進捗状況が高くなっていました。つまり、**「挑戦性」は、「協働性」を伴った時に、初めて効果を発揮する可能性がある**ことを示唆しています。

②協働性と挑戦性のある組織風土の中でこそ～管理職の両利きのリーダーシップ～

ここまでを整理し、教師と組織の関係性について、図5に表してみました。氷山の上部が学校の教育目標、経営ビジョン等を明示的に示した部分で、下が仕事の仕方や人間関係などの黙示的な規範にあたる部分です。学校組織の中で育てていきたいのが、まずは、教職員の協働性です。そして新しいことに向かおうとする挑戦性です。日常的な同僚とのリフレクションは、相互理解と協働性を構築していくうえでも大切です。同時に、リフレクションを通じて見出した次のチャレンジ目標は、挑戦性へとつながり、それが、校内研究として実施する研究授業やＯＪＴにもつながっていきます。そうはいっても何のために何に挑戦するか、どうやって挑戦するかが分からなければ始まりません。そこで重要になるのが管理職のリーダーシップです。管理職は、子供の実態や保護者・地域の方々からの期待、そして今日的な教育課題などをもとに、学校教育目標や経営ビジョンを策定していきます。大切なのは、それを安定的かつ着実な教育活動へと展開していくことです。そのため、適切な教育課程の編成や実施体制の確立、子供たちの安全・安心の確保、保護者・地域との連携など、これまでに

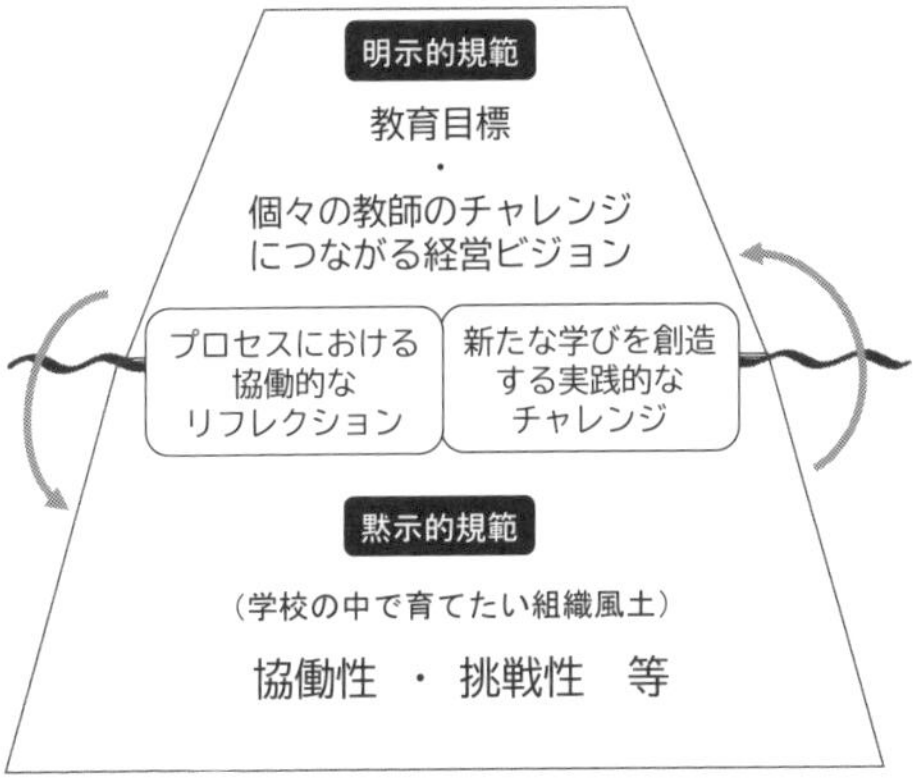

図５　チャレンジとリフレクションを生かした組織風土の形成

蓄積してきたことをさらに改善・充実させていく必要があります。一方で、学校を取り巻く環境は急速に変化しています。例えば、今日のテクノロジーの発達や子供たちの多様化、個別最適な学びの実現などは、過去の実践を深化させるだけでは実現できません。そこで必要になるのが、新たなチャレンジです。重要なのは、管理職を中心に策定していく**教育目標や経営ビジョンが、それまでの成功体験だけでなし得るものではなく、新たなチャレンジも必要とするものであることです。つまり、知の深化と知の探索という両利きの経営です**（オライリーら2022）。

挑戦性を含んだ教育ビジョン等が、教職員間で共有され、新たな教育を創造するための実践的なチャレンジが、校内のいろいろなところで自律的に始まります。こうした実践的なチャレンジのプロセスを、協働性の高いメンバーでリフレクションしていきます。そこでは、ポジティブな感覚や効力感、さらには次のチャレンジ目標を獲得していくことができます。時には、新たなスキルを皆で学ぶ機会もできるでしょう。このように、**実践を通じた具体的なチャレンジと、日常的なリフレクションを進めることで、それぞれの教師が自身の成長プロセスを創り出し、そのことを通じて、学び合おうとする組織風土を形成していくこと**へとつながります。つまり、ここには、組織が一人一人の教師の学びを支え、一人一人の教師の学びが、組織風土を変革していくという関係性があると考えます。

注

（1）中央教育審議会答申（2015）「これからの学校教育を担う教員の資質能力の向上について～学び合い、高め合う教員育成コミュニティの構築に向けて～」

引用・参考文献

・アンドリュー・スコット、リンダ・グラットン／池村千秋訳（2021）『LIFE SHIFT2　100年時代の行動戦略』東洋経済新報社
・バーバラ・フレドリクソン／植木理恵監修／高橋由紀子訳（2010）『ポジティブな人だけがうまくいく3：1の法則』日本実業出版社
・チャールズ・A・オライリー、マイケル・L・タッシュマン／入山章栄監訳・解説／冨山和彦解説／渡部典子訳（2022）『両利きの経営（増補改訂版）―「二兎を追う」戦略が未来を切り拓く』東洋経済新報社
・石井英真（2015）『今求められる学力と学びとは―コンピテンシー・ベースのカリキュラムの光と影―』日本標準
・ジョン・デューイ（1916）『民主主義と教育』、金丸弘幸（1984）による翻訳本を参照、玉川大学出版部
・片岡幸彦（2012）「進化する組織への転換―組織風土変革の進め方―」労政時報、第3831号
・中田正弘（2019）「ALACTモデルを活用したリフレクション」坂田哲人、中田正弘、村井尚子、矢野博之、山辺恵理子『リフレクション入門』学文社
・中原淳（2023）『人材開発・組織開発コンサルティング―人と組織の「課題解決」入門―』ダイヤモンド社
・松尾睦（2011）『職場が生きる人が育つ「経験学習」入門』ダイヤモンド社
・東京教育研究所（2024）「データから考える教育事情最前線　⑥学校における働き方改革の取組状況」https://ten.tokyo-shoseki.co.jp/ten_download/2024/2024048460.htm（2024年3月25日最終閲覧）
・山内祐平（2020）『学習環境のイノベーション』東京大学出版会

アクション編 1

働きがいと働きやすさを両立する学校、3つのシフト

一般社団法人ライフ&ワーク代表理事／教育研究家
妹尾 昌俊

「そろそろ帰りましょう」では、何も変わらない

読者のみなさんの学校（勤務校やよく知る学校等）では、働き方改革、進んでいる実感はありますか？

校長や副校長・教頭から「そろそろ帰ったら」とよく言われるようになったけれど、仕事は減らないし、むしろ欠員（教職員不足）やＩＣＴ関連、保護者対応などもあって、仕事量や負担は増えている。そんな学校も多いのではないでしょうか。ある学校は、19時近くになると、蛍の光を放送するそうですが。閉店前のスーパーか？（笑）

学校も、教育行政（私立の場合、学校法人等と読み替えてもらって構いません）も、私のよ

うな学校支援をしている外部の人たちも、これまでの働き方改革のどこに問題や限界、反省点があったのか、見つめなおすことが必要だと思います。そうしないと「教職員の意識改革が必要だ」といった決まり文句で、なんとなく煙に巻かれてしまう。多少の動きはしても、あまり進展しない。あるいは当の先生たちにとって楽しくないものになってしまいます。

広がる、残業の「見えない化」と教職員の「あきらめ感」

文部科学省の教員勤務実態調査（2022年実施、確定値）によると、前回調査（2016年実施）と比べて小学校、中学校とも教諭の一日の在校等時間は約30分縮減するなど、多少の前進は見られました。[1] おそらく、各教育委員会が把握しているタイムカード等のデータでも、極端に長時間勤務だった人は減るなど、ある程度の改善傾向は見られるのではないでしょうか。

また、ほとんどの都道府県・政令市が学校の働き方改革に関する計画を策定済です。教育委員会としても本腰を入れて推進していくぞ、予算を取っていくぞということかもしれません。ただし、多くの場合、在校等時間の短縮が主な、あるいは唯一の成果指標となっています。

ここ数年のこうした動きで前進していることもありますが（たとえば、部活動で休養日を設けることは当たり前になってきました）、心配な問題もたくさん起きています。ここでは2点指摘します（図1）。

第一に、残業の「見えない化」の進行です。教育委員会が把握しているデータでは、持ち帰り仕事はカウントされていませんし、勤務時間中の休憩はとったものとして自動的に控除されている場合もあります（現実には休憩なんて全然取れていない教職員は多いのに）。さらに、各校から報告するデータでは、そう長時間勤務ではないかのように取り繕う過少申告、虚偽申告の事例も多数報告されています。

これでは、教育委員会もカラ元気に、変に安心してしまうかもしれません。そして、学校現場に必要

【現況】在校等時間が短くなりさえすれば、よい？

- 文科省調査によると、小中学校教員の勤務時間は多少改善傾向（1日あたり平均約30分短縮、教員勤務実態調査2016年と22年の比較）。
- ほとんどの都道府県・政令市が学校の働き方改革に関する計画を策定。多くの場合、在校等時間の短縮が主な（あるいは唯一の）成果指標。

問題①残業の「見えない化」

- 見かけの時間外は減っていても、虚偽申告（打刻しないなど）や持ち帰り仕事が増加。

問題②取組の形骸化と教職員の「あきらめ感」の広がり

- 働き方改革、業務改善の抜本策には着手しないまま、やっている振り。もしくは会議の短縮などの小幅な改善にとどまる。
- 教職員の業務負担が重いことは変わっておらず、教職員からすれば、「うちの学校は変わらない、変われない」といった感覚。

図1　学校における働き方改革の現況

な対策が講じられないことになってしまいます。

勤務実態の「見えない化」は教職員の健康管理上も大問題です。過労死等のリスクの高い働き方をしていても、教育委員会や校長は気づかないかもしれないのですから。

第二に、教職員の間では、「あきらめ感」、無力感が広がっているのではないでしょうか。「定時退勤日を設けています」「会議を見直しました」と言う校長等は多いのですが、そうした取組だけでは、大きく変わりません。そもそも、定時退勤日やノー残業デイと言っても、月数回程度ですから、それ以外の日は残業がしみついていることを、自ら公言しているようなものです。

多くの教職員にとっては、とにかく目の前のことが忙しすぎて、見直そうという気にもならない。あるいは、働き方改革なんて言われても「もう無理」「教育委員会は学校にあれをやれ、これをやれと言うばかりで応援してくれない」「文科省や教育委員会は学校現場の苦しみを分かってくれない」などと感じる人も多く、教育行政と学校との間に不信感、亀裂が広がっています。

働き方改革2.0、3つのシフト

こうした現況と問題を踏まえつつ、どうしていけばよいでしょうか。本書では3つのシフトについて、方針と具体策を提案します（図2）。

第一に、学校・教職員にとって、やらされ感が募る受け身的なものから、内発的、プロアクティブな取組にしていくことです。ちょっとした取組からでもよいので試行してみて、教職員が「自分たちの職場は自分たちで変えていける」という効力感、手ごたえを感じられるようにしていくことが重要です。

わたしが伴走支援として年間数回フォローアップとコンサルテーションに入っている学校では、そうした内発的な動きになりつつあります。たとえば、ある公立中学校では、生活ノートという生徒との交換日記的

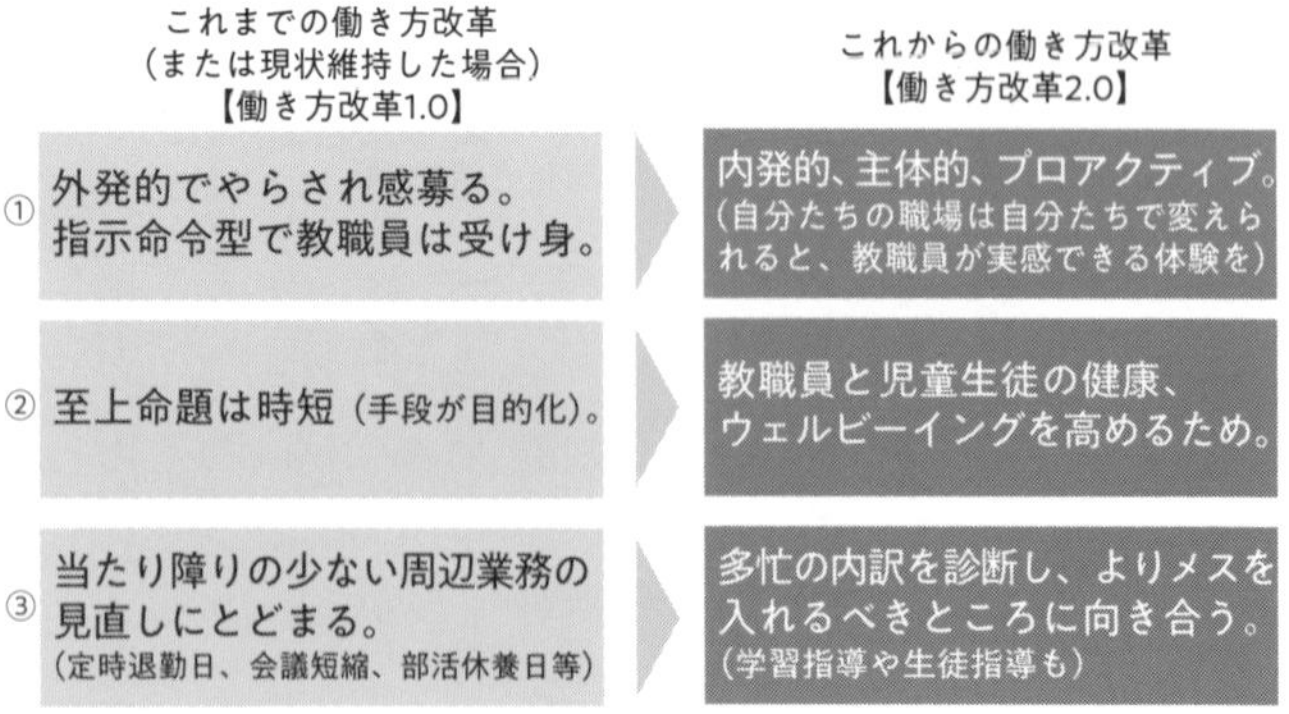
これまでの働き方改革
（または現状維持した場合）
【働き方改革1.0】
これからの働き方改革
【働き方改革2.0】
①
外発的でやらされ感募る。
指示命令型で教職員は受け身。
内発的、主体的、プロアクティブ。
（自分たちの職場は自分たちで変えられると、教職員が実感できる体験を）
②
至上命題は時短（手段が目的化）。
教職員と児童生徒の健康、ウェルビーイングを高めるため。
③
当たり障りの少ない周辺業務の見直しにとどまる。
（定時退勤日、会議短縮、部活休養日等）
多忙の内訳を診断し、よりメスを入れるべきところに向き合う。
（学習指導や生徒指導も）

図2　従来型の働き方改革からのシフト

なやりとりが日課になっていました。生徒がどんなことを考えたのか、悩みはないのかなどを把握できる手段ではありましたが、チェックとコメントを返すのに、担任の先生は毎日空きコマ（授業のない時間）をひとつ使うほど。その中学校では、長年やってきたこの取組は大事だ、続けたいという教員もいれば、なくしてもいいのではという人もいましたが、じっくり話し合いました。面談やアンケートなど生徒の悩みを把握する方法はあることと、意義はあっても負担が重すぎるものは見直す必要があることなどを確認しました。結果、一言日記という簡易なかたちに変更しました。他校では、やめた例もあります。

留守番電話の導入などもそうでしたが、学校では、やる前にはあれこれと心配する声が多くなりがちです。ですが、いざやってみると、たいした問題もクレームもなかった、やってみてよかった、という例はけっこうあります。

このように、ある程度時間をかけて、教職員の間で、意見を出しあったり、つっこんだ対話を重ねたりすることで、違った価値観や教育観のなかでも調整し、合意できるところを探していくことは、大切です。

働き方改革と聞くと、なんでもカット、カットのような印象をもっている方もいるかもしれませんが、対話や議論にはある程度時間をかけないと、教職員の納得感が薄くなったり、チームワークにマイナスになったりしますから、要注意。「急がば回れ」です。

第二に、時短を至上命題にするのではなく、教職員と児童生徒の健康、ウェルビーイング（心身ともに良好な状態）を高めることに主眼を置くことです。時短は、手段のひとつという考え方です。

タイムカード等による在校等時間のモニタリングも、教職員の健康確保（過労死等の防止を含む）のためという目的を共有することが先決です。

また、大学生向けの調査では、教育実習後に教員志望が下がるケースもかなりあることが分かっています[2]。授業などをしてみて自分は教員に向いていないと感じたケースなら仕方がないかもしれませんが、「やっぱり学校はハードワークすぎる、自分にはムリ」という感触で教職を避けようというのなら、もったいないです。先生たちが活き活きしていて、でも無理をしすぎず働けることは、人材獲得と、休職・離職を減らす観点でも重要です。また、学生だけでなく、社会人から転職を考えている人や定年後のシニアな方々にとっても、働きがいがあり、かつ働きやすい学校になっていくことは大切です。

第三に、比較的当たり障りのない取組だけから脱却することです。もちろん、会議の見直しや部活動の休養日の設定なども進めてほしいですが、それらだけで十分な時間が生み出されるわけではありません。教職員定数の改善をはじめ、行政がやっていくべきこともありますので（後述）、学校にだけ頑張れと言いたいわけではありませんが。

どうしていけばよいでしょうか。各学校も教育委員会も、タイムカード等のみでは、何に忙しいかが分からないので、メスの入れどころが必ずしも明らかになりません。家計簿をつけることに似ていますが、ワークログ（何にどのくらい時間を使っているか）などを記録し、多忙の内訳を診断した上で、必要な対策をとることが肝要です。具体的なところは後述します。

さらに申し上げると、「子どもと向き合う時間の確保のために働き方改革を進める」と多くの教育委員会はおっしゃっていますが、これではいつまで経っても多忙は解消しません。部活指導や丁寧なコメント書き、給食指導などが典型例ですが、教員の多くは子どもと向き合っていて忙しいのですから。事務作業など間接業務、周辺業務の軽減も大事ですが、はるかに時間をかけているのは何か。教育活動のなかからも、精選したり、やり方を変えたりできるものも多くあります。

授業の質の向上と働き方改革は、両立するか

続いて本稿の後半では、具体的にどんな業務を、どのように見直していくか、考察していきたいと思います。さまざまな方法がありますので、ここで紹介するのは一部だと捉えてくださ い。

図3をご覧ください。ある公立中学校教員の1日です。これは仮想の例ですが、実際に私が見聞きしたことをベースにしています。このように、何時から何時まで何を行っていたのかと

7：30～ 8：15	授業準備、教室で生徒と会話
8：15～ 8：25	職員会議
8：25～ 8：35	朝読書の見守り
8：35～ 8：45	欠席連絡のなかった生徒の確認、特別支援を要するAさんのフォロー
8：45～12：35	授業
12：35～12：50	給食の配膳指導のあと、早食い
12：50～13：15	生徒と雑談しながら小テスト丸付け
13：15～13：30	校内巡回（生徒の昼休みの見守り）
13：35～14：25	空きコマに生活ノート点検、コメント
14：35～15：25	授業
15：30～15：45	清掃指導
15：50～16：00	学活（帰りの会）
16：10～18：00	部活動指導
18：00～19：00	生徒が公園でうるさくしているとの地域からのクレームへ対応
19：00～20：00	保護者から電話相談
20：00～20：10	休憩　カップ麺
20：10～21：00	翌日の授業準備
21：00	疲れた、帰る！

図3　ある中学校教員の1日

いう記録が「ワークログ」ですが、みなさんはログを取ったことはありますでしょうか？ワークログを取ってみると、意外と時間を使っていることに気づいたり、改善できそうなところが見えてきたりします。

授業のリフレクションは、みなさんよくなさっていますが、自分の働き方や時間の使い方のリフレクションをしたことはあまりないのではないでしょうか。

実際は、時期や学校、個人によっても違いはありますが、教諭・講師の場合、会議や事務作業ばかりに忙しいわけではありません。授業とその準備、採点、添削、学校行事などの学習指導の比重は大きいです（当たり前のことではありますが）。

教員勤務実態調査（2022年実施）によると、小学校教諭については、教科指導（授業＋朝の業務＋学習指導）と授業準備・成績処理だけで、週50時間未満勤務している人で1日あたり約7時間3分、週50時間以上60時間未満の人で1日約7時間45分、週60時間以上の人で1日約8時間16分かかっています[3]。つまり、正規の勤務時間（7時間45分）の多くが学習指導だけで既に埋まってしまっているわけです。現実には、これら以外の業務、生徒指導関連（後述）や特別活動（学校行事等）、会議、事務作業、保護者対応、研修などもあるので、多くの学校では、残業することが当たり前になってしまっています。

しかも、大きなトラブルになっては面倒な保護者対応や生徒指導、もしくは同僚等に迷惑をかけかねない行事の準備や校務分掌の処理などを優先させる先生は多いです。その結果、授業準備はどうしても後回しになりがち。[4] 一番アタマを使わないといけない授業準備が、夕方や夜の疲れ果てた状態で行われていることになっています。

「授業、学習指導の質の向上と働き方改革は両立しない」と言う教育関係者は少なくありません。いい授業をするには、準備に時間を要する、との考え方からでしょう。ですが、脳のいい状態のときに、授業準備などの考える仕事ができるようにしたいですよね。それに、授業準備はある程度の時間はかかるとはいえ、長くやればやるほどいい授業になる、とも限りません。むしろ、教員のやりたいような授業にしようというマインドが強くなりすぎて、子どもたちの自律的な学びからは遠ざかってしまう危険性もあります。

勤務時間の中で無理なく授業準備等ができるようにするには、文部科学省を中心に国で行うことは多いです。教職員定数を大幅に増やすことや学習指導要領を精選できるかが、大きな課題だと思います。

学校で見直せることもあります。ひとつは、余剰時数、予備時数などと呼ばれている、学習指導要領が定める標準時間よりも多めに授業をしていることを再検討することです。これは学校や自治体ごとに差が大きく、余剰ゼロという学校もある一方で、年間百時間以上余分にとっている例もあります。なんでもカットすればよいという話ではありませんが、毎日6時間目までびっしり入っては、先生たちの授業準備等のゆとりもなくなりますし、何よりも、子どもたちも疲れます。補習などにも同様の問題があります。

もうひとつは学校行事での過度な演出や練習などを見直すことです。たとえば、運動会や卒業式のために、保護者等の期待もあるからということで、整然とできるように、毎日練習する。あまりやりすぎると、イヤになる子もいるでしょうし、なんのための学校行事なのでしょうか。

授業時数も行事のあり方も、教育課程の編成権が校長にあるとされていますから、各校で見直すことができる領域です。もちろん、カットが目的ではなく、なんのために見直すのか。教職員の負担に加えて、子どもたちの負担にも配慮して、検討してはいかがでしょうか。

生徒指導の充実と働き方改革は、両立するか

196頁の図3をもう一度ご覧ください。下線を引いたものは、生徒指導関連業務と私が分類したものです。けっこうありますよね。

そもそも「生徒指導」とは何でしょうか。

私から見ると、すごく曖昧だと思います。生徒指導提要（令和4年12月）には「生徒指導とは、児童生徒が、社会の中で自分らしく生きることができる存在へと、自発的・主体的に成長や発達する過程を支える教育活動のことである。」とあります。

この定義は非常に広範なので、なんでもかんでも入ってきそうな気がします。

なお、働き方改革に関する中教審答申（平成31年1月）では、学校の業務を①教育課程に基づく学習指導、②生徒指導・進路指導、③学級経営や学校運営業務の三つに大別しています。そのため、図3のうち、学習指導や学校運営業務等には下線を引きませんでした。ただし、この3分類の境界も曖昧だと思います。たとえば、学級活動は特別活動の学習指導であると同時に、生徒指導の意味合いも大きいし、学級経営とも言えます（①②③が重なる）。生徒指導提要では生徒指導は学習指導・教科指導といちおう区分されていますが、

重なるところも大きいとしています。なので、人によっては、図3で生徒指導関連とは何か、もっと広く、あるいは狭く分類する可能性はあります。とはいえ、以上の理由で厳密には分類しきれないので、ある程度ファジーなものとして捉えてください。

さて、図3で生徒指導関連業務と分類したものは合計すると、約6時間になります。授業や事務作業を除いてこれだけの負荷、大きな時間ですよね。今回は例示として図3のもので考えましたが、みなさんご自身のワークログでも計算してみてください。

生徒指導関連業務のうち、なにか改善できるでしょうか。以下では、三つのポイントを解説します。

ポイント① 時間は有限、「子どものため」になることも取捨選択

最初に共通理解にしたいのは、時間は有限であることです。そんなこと当たり前じゃないか、と思われる方も多いと思いますが、学校や教育行政では、「子どものために」が言わば「殺し文句」になっていて、あれもこれもと欲張り（膨張し）がちです。たとえば、児童生徒が楽しみにしているこの行事は削れない。時間外であっても保護者との連絡はしておかないと、子どもにも影響するなど。

わたしはよく温泉旅行にたとえて解説しています（遊び心で〝温泉理論〟と呼んでいます）。みなさんが今日温泉地に旅行に来たとしましょう。目の前には魅力的な温泉がたくさん。松の湯は肩こりに効く、竹の湯は疲労回復効果が抜群、梅の湯は美容によくて、すべすべのお肌に。それぞれに素晴らしい効用があるとしても、一日に四つも五つもつかったらどうなりますか？

のぼせてしまいますよね。

つまり、効果、効用だけを強調して意思決定したり、運営したりするということでは不十分だし、危険です。負担や時間のことも考えなければ。

こんな基本的なことは、旅行をするときなら当たり前のこと。ですが、なぜか、学校での教育活動や教育行政のこととなると、「子どもたちのために」という思いや声で、負担や時間を考慮する重要性がかき消されてしまいがちではないでしょうか。

繰り返しますが、時間は有限。しかも、正規の勤務時間は1日7時間45分。そのなかで、児童生徒のためになるものの中から選択していかなくてはなりません。温泉旅行のように、選ばなければ、先生たちに加えて、子どもたちも疲れてしまいます。

ポイント②「学校がやって当たり前」を疑い、仕分ける

次に、業務を仕分けていきます。一例が図4です。ひとつの軸は、学校の役割を現状よりも小さくするのか、それとも維持もしくは拡大していくのかという視点。もうひとつは、教員の役割を縮小するのか、それとも維持・拡大するのかです。

第一象限の学校の役割も、教員の役割も維持・拡大していくのは、不登校対応や子どもの意見表明の尊重などだと、私は捉えています。また、箕面市などが実施していますが、教育委員会が首長部局などと連携しながら、困難を抱える児童生徒を早期に

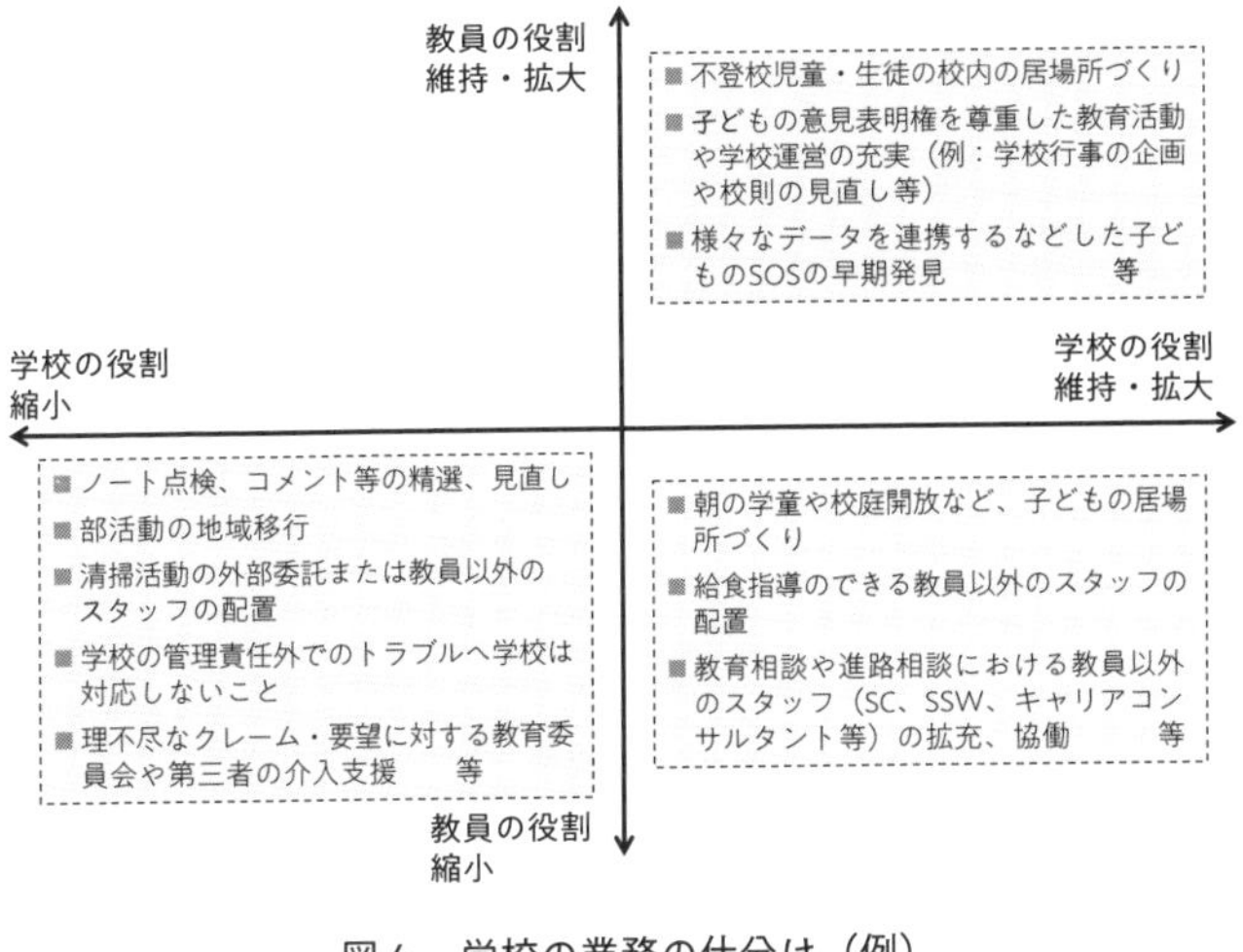
教員の役割
維持・拡大
■不登校児童・生徒の校内の居場所づくり
■子どもの意見表明権を尊重した教育活動や学校運営の充実（例：学校行事の企画や校則の見直し等）
■様々なデータを連携するなどした子どものSOSの早期発見　等
学校の役割
縮小
学校の役割
維持・拡大
■ノート点検、コメント等の精選、見直し
■部活動の地域移行
■清掃活動の外部委託または教員以外のスタッフの配置
■学校の管理責任外でのトラブルへ学校は対応しないこと
■理不尽なクレーム・要望に対する教育委員会や第三者の介入支援　等
■朝の学童や校庭開放など、子どもの居場所づくり
■給食指導のできる教員以外のスタッフの配置
■教育相談や進路相談における教員以外のスタッフ（SC、SSW、キャリアコンサルタント等）の拡充、協働　等
教員の役割
縮小

図4　学校の業務の仕分け（例）

ケアしていけるようにすること、学校で言わばノーマークだった子を早期発見することも、重要性が増しています。

第二象限についてはあまり例はないと思います。

第三象限は、学校の役割、守備範囲そのものも減らしていく方向であり、その結果、教員の業務も減ります。部活動の地域移行は典型例です。また、下校後に公園で生徒がうるさいといったクレームが学校に寄せられることがありますが、学校の責任外なのに、先生が謝罪に行くのは疑問です。前述した生活ノートの点検などもこの箇所です。

第四象限は、学校の役割は維持もしくは拡大するが、教員以外のスタッフや地域等と連携・協働することで、教員の仕事は減らしていくことです。たとえば、教職員の勤務時間より前に子どもたちが登校している小中学校等は多いです。きちんと勤務時間より後に登校してもらえるようになるのが一番かもしれませんが、さまざまな家庭環境があるなか、居場所としての学校の役割、福祉的な機能の重要性も高まっています。とはいえ、早朝の見守りや支援に教員免許状は必須ではありませんから、分業可能です。同様に、給食の時間や児童生徒の休み時間の見守りなども、分業していけると思います（アレルギー対応などの事故防止で給食指導の難易度が高いことは承知していますが）。

このような視点から、これまで学校がやっていて当たり前だったこと、教員の業務として当然視されてきたことも、一部はやめたり、減らしたりしていくべきではないでしょうか。時間が有限なことも加えて、第一象限のように、むしろ充実していくこともあるためです。

ぜひみなさんのところでも、業務の仕分けと改善案のアイデア出しをやってみてください。もちろん、たとえば朝の学童保育をしたり、掃除の時間にスタッフを雇ったりというのは、予算がかかることですから、国と教育委員会の役割も重要です。予算があまりかからないものは、各校で動かしていけます。

ポイント③　適切な生徒指導は最大の働き方改革

釈迦に説法かもしれませんが、「不適切指導」を減らし、児童生徒の自己有用感等を大切にしていく生徒指導を行っていくことは、教職員の負担軽減上もとても効果的です。言い換えれば、トラブルや問題が大きくなったあとの、事後対応に追われる日々では、プロアクティブな支援や働きかけが疎かになっていきますから、また問題を多く生んでしまう、悪循環になります。

詳しくは生徒指導提要の14ページあたりに書いてあります。「自分も一人の人間として大切にされている」という自己存在感を、児童生徒が実感できること。学級や学校行事、部活動などで自他の個性を尊重し、相手の立場に立って考え、行動できる相互扶助的で共感的な人間関係をつくれるようにすること。こうした生徒指導が展開できれば、問題行動やトラブルが減りますから、事後対応に割く手間やクレームも減り、結果的に、大きな働き方改革になります。

「生徒指導の充実と働き方改革は、両立するか」。以上三つのポイントを踏まえて、対話、実践してほしいと思います。

以上、本稿では、これまでの働き方改革の問題点や限界について分析した上で、これからはどうしていくとよいか、三つのシフトとその具体案をお伝えしました。やってみたくなりましたか？　思ったら吉日、動き出しましょう。

注

(1) ただし、文科省調査には注意が必要です。第一に、10月11月の調査がベースであり、学校が最も忙しい4~6月などの実態ではありません。第二に、新型コロナの影響での学校行事の短縮などが大きく影響している可能性があり、五類に移行してから、コロナ前に戻りつつある学校もあります。第三に、個々の教職員の健康管理の観点からは、平均値が重要なのではなく、個々の実態です。

(2) 浜銀総研の調査によると、教員以外に就職予定の大学4年生のうち、2~3割が座学での教職科目の履修後に志望度が低くなった、と回答しています。また、同じく教員にならない予定の学生のうち、約3割が教育実習後に教員志望が下がったと回答しています(中央教育審議会「『令和の日本型学校教育』を担う教師の在り方特別部会」(第8回)資料、令和4年9月9日)。

(3) 中央教育審議会「質の高い教師の確保特別部会」(第2回)「【資料1】教員勤務実態調査の追加分析」(令和5年7月24日)を参照。

(4) 全日本教職員組合「教職員勤務実態調査2022」でも、授業準備・成績処理が夕方以降になっている傾向が見てとれます。

参考文献

・露口健司(2024)『教員のウェルビーイングを高める学校の「働きやすさ・働きがい」改革』教育開発研究所

・キャシー・ホームズ著、松丸さとみ訳(2023)『「人生が充実する」時間のつかい方 UCLAのMBA教授が教える〝いつも時間に追われる自分〟をやめるメソッド』翔泳社

・妹尾昌俊(2023)『校長先生、教頭先生、そのお悩み解決できます!』教育開発研究所

アクション編 2

ウェルビーイングな学校をつくる
―先生も子供も幸せな学校に

埼玉県上尾市立上平小学校校長
中島 晴美

はじめに

「ウェルビーイング」という言葉を教育現場でも耳にするようになってきました。とても嬉しく思うとともに、その言葉の意味やその在り方について、深く理解され実現されていくことを心から願っています。私は、先生方・子どもたちの幸せを願ってウェルビーイングな学校をつくると決意し、実践に取り組んできました。そのことは大きく言えば「私たちが望む未来（ウェルビーイングな未来）」を実現させるための第一歩であると考えています。また、未来をつくっていくことができるのは教育であるからこそ先生方・学校現場のウェルビーイングを目指すことは非常に重要なことであると考えています。本章では、

「ウェルビーイングな学校をつくる」として上尾市立平方北小学校（筆者の前任校）が核として取り入れてきたウェルビーイングの理論を中心に、実践を添え、お伝えさせていただきたいと思います。

ウェルビーイングについて

第４期教育振興基本計画の中で、「Society5.0」とともに「ウェルビーイング」が重要な柱の一つに位置づけられました。では、ウェルビーイングとは何でしょうか。

①ウェルビーイングの概念

教育振興基本計画では、「ウェルビーイングとは身体的・精神的・社会的に良い状態にあることをいい、短期的な幸福のみならず、生きが

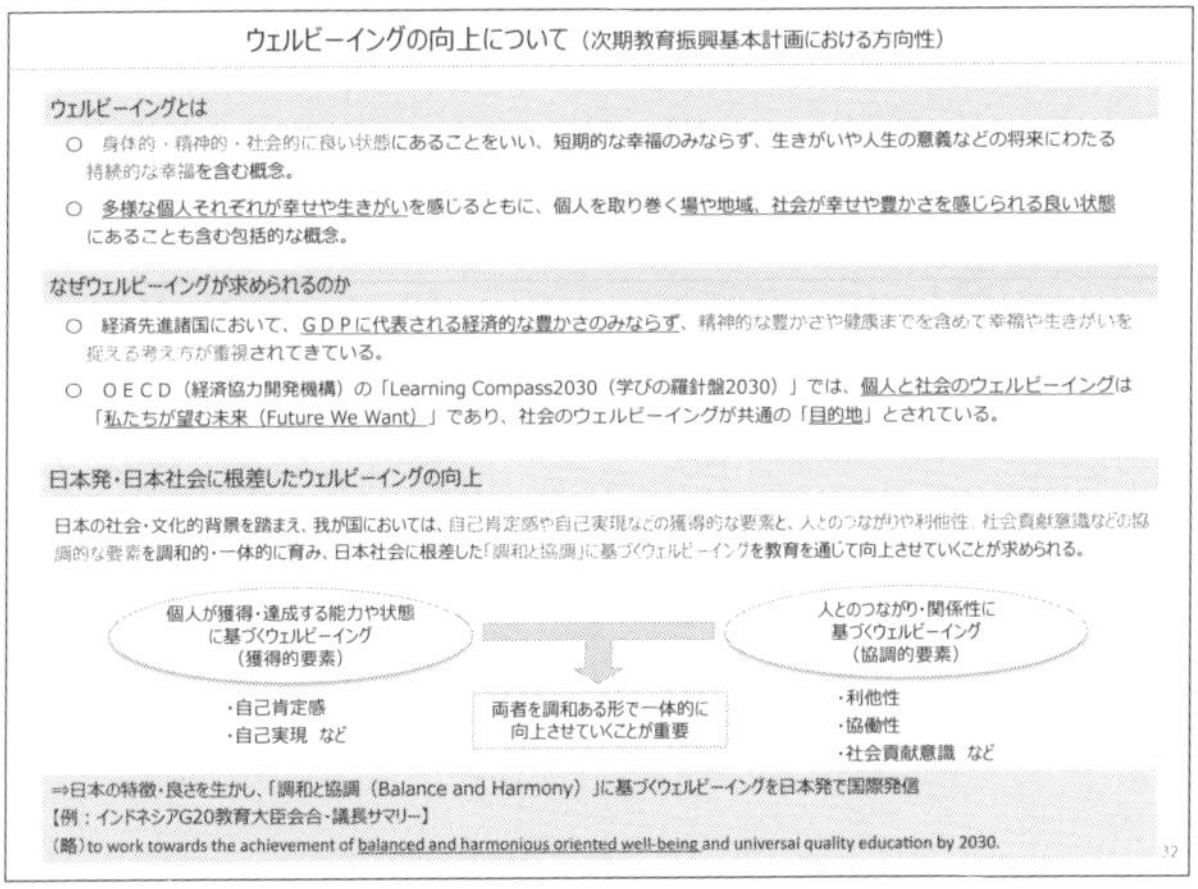

ウェルビーイングの向上について（中央教育審議会2023、p.32より）

いや人生の意義などの将来にわたる持続的な幸福を含む概念。多様な個人がそれぞれ幸せや生きがいを感じるとともに、個人を取り巻く場や地域、社会が幸せや豊かさを感じられる良い状態にあることも含む包括的な概念。」と記されています。世界中で取り組まれているウェルビーイングの研究により、その概念も進化し「客観的ウェルビーイング」だけでなく「主観的ウェルビーイング」も含んだものとして捉えられるようになってきたこと、そして、持続可能な幸福であるということも含まれたものとなっています。

②なぜウェルビーイングが求められるのか

経済先進諸国において、ＧＤＰ（国内総生産）に代表される経済的な豊かさのみならず、精神的な豊かさや健康までを含めて幸福や生きがいを捉える考え方が重視されてきています。その指標をＧＤＷ（Gross Domestic Well-being　国内総充実）とし、よりよい社会をデザインしていくためにウェルビーイングという概念と新指標を、これからの時代の社会アジェンダにすることを目指しています。ＧＤＰは量的拡大を目指し、物質的な豊かさを測る指標であったのに対して、ＧＤＷは質的向上をねらい、実感できる豊かさを測定する指標であるというのが大きな違いです。また、ＯＥＣＤ（経済協力開発機構）の「Learning Compass　2030（学びの羅針盤2030）」では、個人と社会のウェルビーイングは「私たちが望む未来」であり、社会のウェルビーイングが共通の「目的地」とされています。このことから、教育の現場においても未来をつくる子どもたちはもちろんのこと、教職員、保護者・地域の方々のウェルビーイングを実現することが、向かうべき道であるということがはっきりと示されたのです。

また、経済学者のロバート・フランクは、地位財（社会的地位・物的財産）で得られる幸福は長続きしない。非地位財（健康・自主性・愛情・自由・良質な環境・社会への帰属意識）は他人との比較なく喜びや幸せを得られるものと述べています。高度経済成長期の中で人間は、財産や地位や権威、工業化の進展こそが善であり「幸せ」という価値観をもち、目指すものとしてきました。その一方で、貧困格差や地球規模の環境問題等の大きな課題を生じさせてきました。そういった背景からも、今、未来をつくる子どもたちを育てる私達が、目指す未来・世界を理解し、思考をシフトチェンジしていくことが求められているのです。

学校現場の現状から考えるウェルビーイングの必要性

現在、日本でも、世界でもウェルビーイングに関する様々な研究が進められ、そのエビデンスが多く発表されています。私は、これらの**「人間が今日まで営んできた技術の発展や叡智として積み上げてきたウェルビーイングに関連する分野の科学」を教育の現場で応用すること**で、児童・教職員・保護者・地域の方々のウェルビーイングの向上に資する学校づくりや教育を推進することができると考えています。そして、その必要性として次の3点を挙げます。

①現在学校現場で抱えている様々な課題を解決するため

学校現場では、時間外在校等時間問題、人員不足、教員志望者の減少、管理職希望者の減少等、喫緊の課題が山積しています。また、校内における様々な要因で、教職員にとってウェルビーイングとは言えない状況が発生し、そのことが原因で離職したり、病気休業に入ったりする方も少なくない状況です。カリフォルニア大学ソニア・リュボミアスキー心理学教授の研究で、**ウェルビーイング（幸せ）な人は「創造性が高い。生産性が高い。離職率・休職率が低い」**というエビデンスがあります。このことからも、ウェルビーイングな学校づくり・教育は、現在教育現場が抱えている様々な課題を解決していくためにも、必要不可欠なことであると言えるでしょう。

②子どもは、幸せに生きる大人の姿を見て、幸せに生きる力を身につけて育つ

『教職員が笑顔で他者と協力しながら、生き生きと幸せに働いている姿』を見ている子どもたちと、『疲れた表情や厳しい表情、圧力で子どもたちを支配するような姿』を見ている子どもたちでは、その心が受ける影響の違いが大きいことは容易に想像できます。子どもたちは先生方の笑顔で安心し、在り方でウェルビーイングな生き方を感じ取っていきます。そして子供たちも幸せに生きる力を身につけ成長していきます。そのために、学校は全教職員が安心して幸せに働ける組織にしたり、健康に働ける労働条件を整えたりしていく必要があるのです。その実現のためには、行政の介入による解決策の早期実行が求められますが、一人ひとりの職員がウェルビーイングについて理解をし、その在り方を体現し、ウェルビーイングな組織を築いていくこともそれと同じくらいに重要なのです。

③ウェルビーイングな社会（世界）を実現するため

子どもたちは中学校卒業後、３年で成人の仲間入りをします。その時にどのような社会（世界）になってほしいと願っている大人に成長しているかは、家庭教育を基盤においた学校教育の力によるものが大きいです。ウェルビーイングな学校をつくることを目指すことができれば、子どもたちも、ウェルビーイングな社会（世界）の実現に向けた選択をしていくことができるようになるのではないでしょうか。ウェルビーイングの考えを取り入れた教育は、ウェルビーイングな未来をつくっていくのです。文部科学省の資料にもあるように、ウェルビーイングは、学校からの発信だけでなく、地域や保護者からも同時に発信し体現していくことが必要です。現在、企業や自治体の組織をウェルビーイングに変えていこうという挑戦が日本中で始まっています。地球環境問題をはじめとするSDGsの目標達成や平和な世界をつくっていくこともウェルビーイングの実現の一部です。実現することは、とても大きな目標のように感じるかもしれませんが、「私達がウェルビーイングを理解し、体現をすること」この小さな一歩を踏み出し、揺るぎなく続けていくことから、その実現

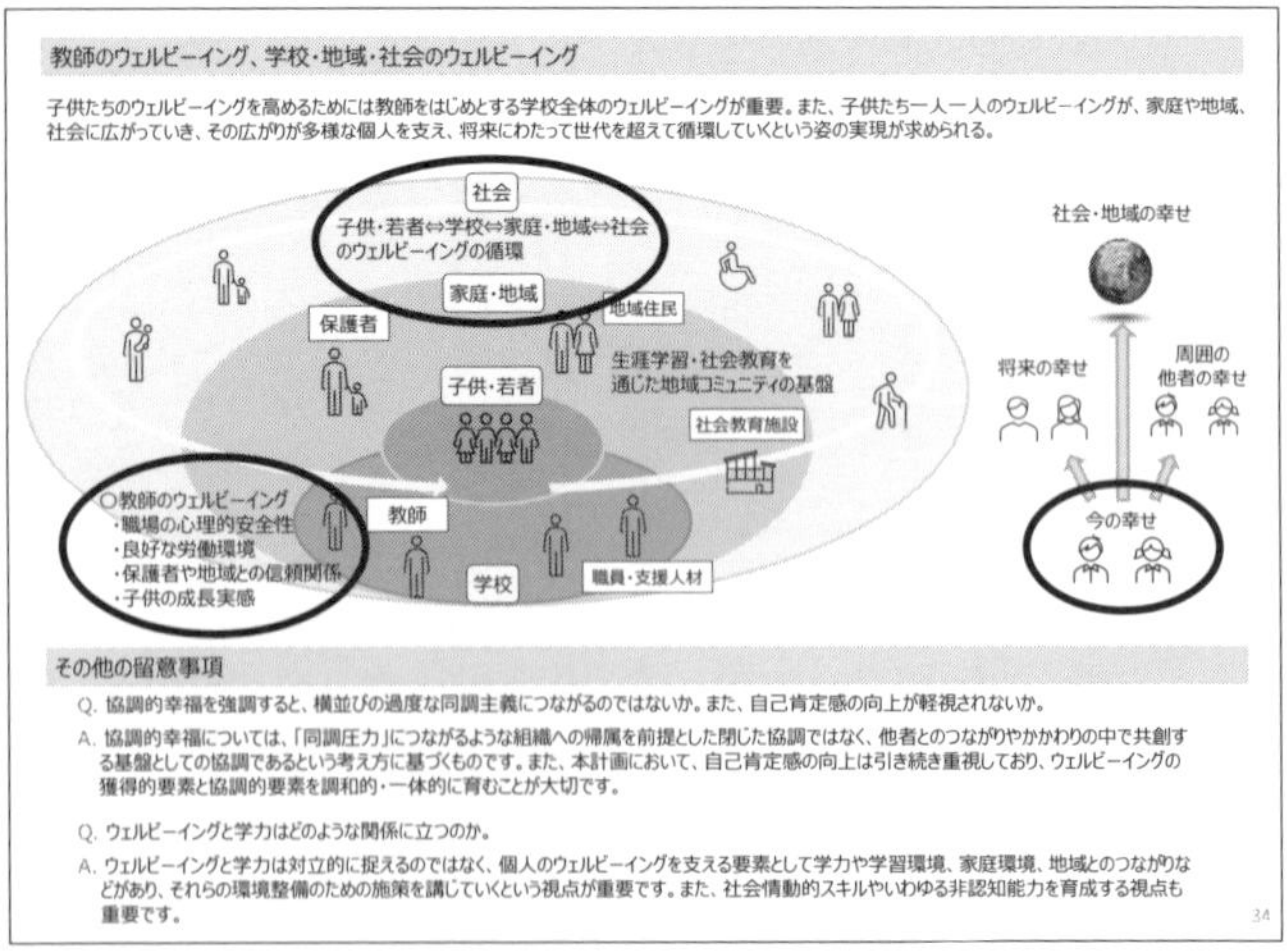

社会のウェルビーイング
（中央教育審議会2023、p.34より）

に向かうことができるのです。

平方北小学校で取り入れているウェルビーイングの考え

同校では、ウェルビーイングの学術的・科学的根拠を学校経営方針に掲げ、全教職員と学校運営協議会で共通理解し、体現しています。その考えは主に次の三つです。

> ①「幸せの4つの因子」（慶應義塾大学大学院前野隆司教授）
> ②「SPIRE論」（元ハーバード大学教授タル・ベン・シャハー博士）
> ③「心理的安全性」（石井遼介氏著書『心理的安全性のつくりかた』（日本能率協会マネジメントセンター）から抜粋したもの）

これらの内容の概要を説明します。

①幸せの4つの因子

前野隆司教授（慶應義塾大学大学院）は、研究結果から「幸せは4つの因子を使うことでコントロールできる」と述べています。これは、人々の幸せの要因がどのようであるかを人々の意識調査を多変量解析で分析した結果・統計的なエビデンスに基づいたものです。

【幸せの4つの因子】

(1)「やってみよう！」(自己実現と成長の因子)：自己肯定感・自己実現・個人的成長等

(2)「ありがとう！」(つながりと感謝の因子)：感謝の気持ち・愛情・思いやり・多様な人との繋がり等

(3)「なんとかなる！」(前向きと楽観の因子)：楽観性・気持ちの切り替え・自己受容・積極的な他者理解等

(4)「ありのままに！」(独立とあなたらしさの因子)：他者と自分を比較しない、自分軸をもつ等

この4因子は、さまざまなウェルビーイングの要素を充実させる**心のあり方**としてとても分かりやすく示されています。例えば次に紹介するＳＰＩＲＥを実現させるためにも、4因子のどの心の在り方が足りていないのか、どの心の在り方を意識していくことが必要なのか、自分自身を見つめ直す指標とすることができます。

「集団で学ぶ場では、個（あなたらしく）を優先することで集団の機能が働かなくなるのではないだろうか」と問われることがあります。その問題を解決していくためには、下図のように、個人主義的ウェルビーイングと集団主義的ウェルビーイングのバランスを上手く保っていくことが大切になります。このことは文部科学省資料にも示された日本発・日本社会に根ざしたウェルビーイングの向上

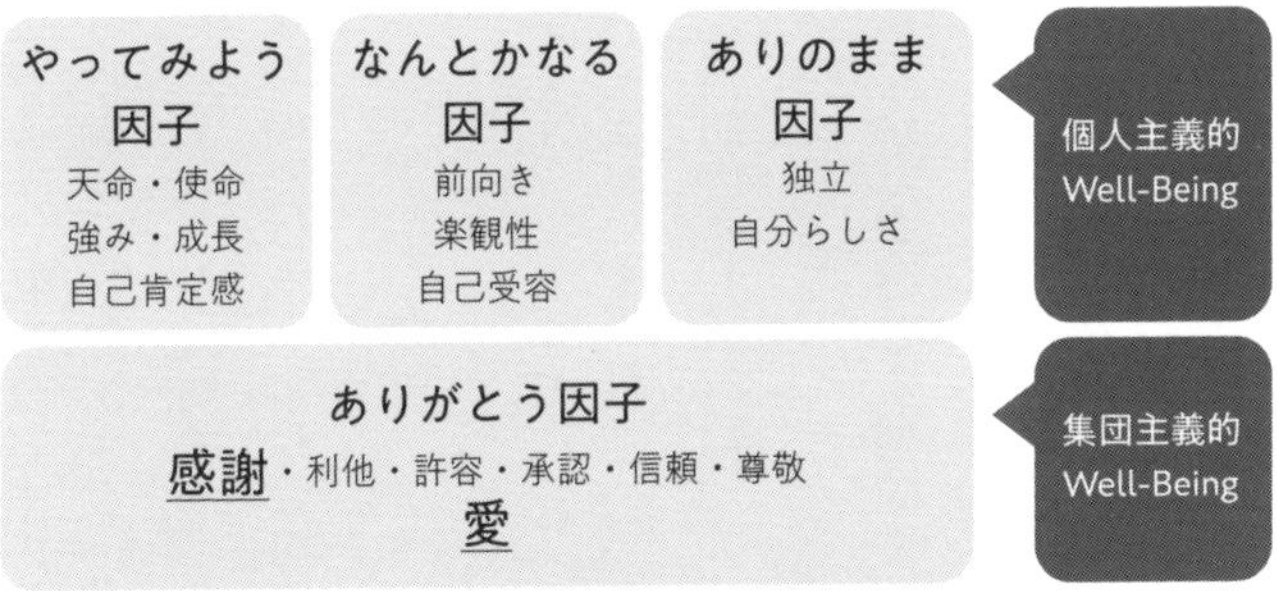

4つの因子がバランスよく備わっている状態が極めて幸せな状態
（前野隆司2019、p.53の図「個人主義的ウェルビーイングと集団主義的ウェルビーイング」を中島がレイアウト変更したもの）

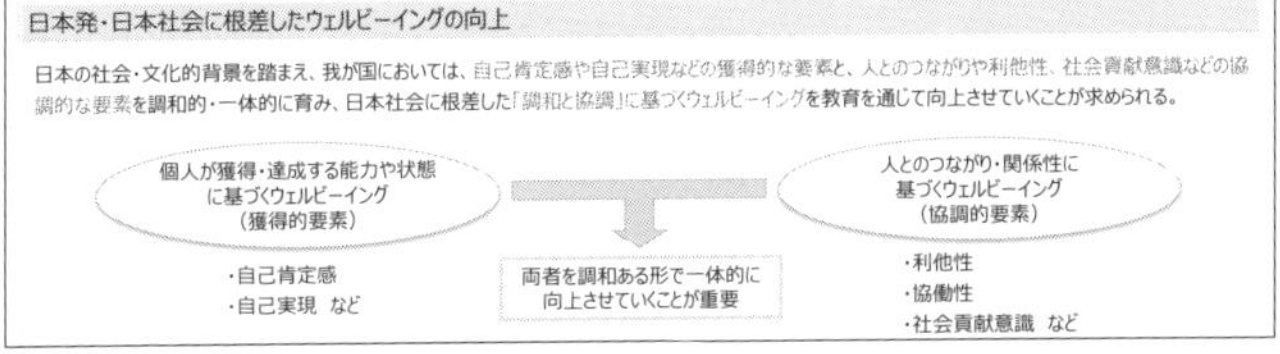

日本発・日本社会に根差したウェルビーイングの向上
（中央教育審議会2023、p.32より）

の部分であると捉えることができます。私達は日本の社会・文化的背景を踏まえ、自己と集団のウェルビーイングを調和ある形で向上させていくことがのウェルビーイングの実現に繋がるということを理解していくことが大切です。その際、集団のウェルビーイングにおいては「同調圧力」のようなものではあってはならず、個人が尊重される協調であることが重要です。

②SPIRE論

SPIRE論は、「ウェルビーイング（幸せ）」について多くの学問（哲学・心理学・医学・脳科学・社会学・経営組織論・芸術等々ほぼすべての分野の学問）の論や長年にわたる追跡調査等、様々な研究結果等を包括的にまとめ分析したものです。「ウェルビーイングって何？　何を目指したらいいの？」「幸せは人によって違う」「幸せは漠然としていて何を目指したらいいかわからない」など誰もが感じる疑問であると思います。その点において、このSPIRE論が分かりやすく指標を示してくれています。タル博士は、膨大な研究の結果から、次の五つ（S・P・I・R・E）の要素（概念的に必須の要素）を満たすことで、人々は幸せで満ち足りた人生を送ることができるとまとめています。タル博士は、この五つの要素の頭文字をとってSPIRE論と名付けました。自分の今の状況を当てはめて、生活の中でコントロールしていくことで、自身の「全体のウェルビーイング（Whole-being）」を満たすことができるようになります。各要素について、同校での実践の一部を添えながら簡単に説明をしていきます。

(1) Spiritual Well-being（精神的ウェルビーイング）＝「主体的・自己肯定感・自己有用感・使命感・自分の本質などがよい状態であること」

この要素が人それぞれ違うので、「幸せは人によって違う」と捉えられます。静かに読書をすることが好きな人、人と賑やかに会話を楽しむのが好きな人、一人ひとり違っていてよいのです。それが自分軸です。自分が好きだと思うことに没頭できる状態が自分の本質が輝く時なのです。また、使命感をもって仕事や活動に取り組んでいる時は、自己肯定感も上がりウェルビーイングが満たされます。

【職員の実践例】

①職員参画型の学校経営方針作成をしています。まず、学校自己評価に基づき、次年度の重点課題を全職員で対話をしながら決めています。そして、重点課題解決のために必要な校務分掌を一人一主任として配置します。さらに、自己評価シートに具体策を明記し実践します。

そのことにより職員は、自身が取り組む目標を明確にもち、力を発揮し、分掌の仕事に使命感をもち取り組んでいます。

②校長室だよりで、自分軸やハピネスブースターを見つけるワークを紹介したり、研修で取り入れたりしています。

【児童の実践例】

①「主体的・対話的で深い学び」を実現する授業を展開するよう努めています。

②休み時間を25分間に延長したことにより、児童が自由な発想で活動できる時間ができました。

③児童に活躍の場を与え、褒めて伸ばす、成功体験ができる機会をつくるよう努めてきました。

（※失敗体験も必要）

④教師のコーチング力を高める研修をもち、子どもたちの自己肯定感や自尊感情を高める支援ができるよう、教員の指導力向上に努めてきました。これらの取り組みにより、先生方も子どもたちも主体的に考え実行する活動が増えました。

⑵ Physical Well-being（心身的ウェルビーイング）＝「心身共に健康であること。その人にとってよい状態であること」

心と体の健康は幸せの源です。普段から健康に気をつけた生活をしていくこともウェルビーイングの実現には欠かせないことです。特に教員はこの要素が満たされず、無理が続き、他の要素まで悪い状態にしてしまうことも少なくないと思います。

【職員の実践例】

①業務改善に力を入れて取り組んでいます。方法として、業務改善主任を配置、「微差は大差」を合言葉に小さな改善（紙面カエル会議）、短時間リアルカエル会議（※㈱ワークライフバランス社発案を短時間型に変えたもの）を行っています。

②学校保健委員会や校内研修を活用し、健康についての学びの機会をつくっています。これらの取組で、職員の健康診断結果も改善項目が増えました。

【児童の実践例】

①25分間のロング休み時間の確保により、体を動かして遊び、体力をつけています。2020年のユニセフによる「子どもの幸福度調査」によると、「毎日、友達と外で体を動かして遊ぶ」ということが、幸福度の高かった国々の共通点として挙げられていました。児童の体力向上とこの結果も踏まえて日課表を改善しました。

②登校時刻の繰り下げ、8時15分登校にすることで、朝食接種率が高くなり、遅刻率も減りました。職員の業務改善にも繋がりました。

(3) Intellectual Well-being（知性的ウェルビーイング）＝「知的好奇心や学ぶ意欲、自分を高める意欲があること。潜在能力を発揮するために、深い学びに没頭すること」

多くの先生方は、この要素に幸せを感じ、子どもたちのための授業改善や新しい教育への学び等を深めることにとても充実感をもって日々過ごしていると思います。教員は(1)と(3)によってウェルビーイングが支えられていることが多いです。

【教員の実践例】

①学校課題研究の方法を工夫しました。学校課題の解決に向け教員一人一人が探求（仮説と方法を考え研究）し、その取組と成果について校内でプレゼン発表会を行うというものです。まずは教師が、探求の楽しさを味わったり、プレゼンのノウハウを学んだりという体験をしました。

②相互授業見学ができるシステムを構築しました。

③教育の最新情報を情報黒板や校内LINE等で知らせてきました。

【児童の実践例】

①「わくわくする！」「知りたい！」と思わせる仕掛け、環境（校内掲示・広場・自然）づくりに力を注ぎました。学校図書館の「覆面ブックフェア」などは大人気でした。

②「わくわくドキドキヒラメキッズ・プログラム」では、生き生きと活動する方々（書家・世界を映すカメラマン等）を招聘し、その生き方や活動を紹介していただく機会をつくりました。教員も児童も生き生きと目を輝かせて学びに向かう姿勢がありました。合わせて学力も予想以上に伸びました。

(4) Relational Well-being（人間関係ウェルビーイング）＝「よい人間関係」

人間関係は満たされて充実した人生にとても重要な要素です。教員にとっては、児童・生徒、保護者、職場の人々との人間関係は特に重要になります。この要素が満たされていると、他の要素も満たされます。一方で、人間関係が壊れ、この要素が満たされなくなると、他の要素へエネルギーが及ばず、負のスパイラルに陥ってしまうことがあります。

【職員の実践例】

①心理的安全性の高い職場づくりを全職員で実現しています。
②学期末に全職員で感謝のワークをしています。
③校内ウェルビーイングアンケートを活用して状況を把握します。本校の職員室では笑いが多く、ポジティブな会話が増えました。

【児童の実践例】

①各担任が、心理的安全性の高い学級づくりを実現できるよう努めています。（コーチング・カウンセリング手法を用いた積極的児童理解・生徒指導、道徳科・特別活動・外国語科（活動）の授業力向上、「学校生活アンケート（毎月）」実施等）

(5) Emotional Well-being（感情的ウェルビーイング）＝「嬉しい・楽しいなどのポジティブな感情・ネガティブな感情も受け入れる（人間としての心のあり方を許す）、しなやかに立ち直る力＝レジリエンス力があること」

いつも楽しい・嬉しい気持ちでいられればそれが一番よいですが、人間ですからそうでない感情が生まれることがあります。悲しい出来事、辛い出来事から生まれる負の感情もありのままの感情として受け入れること、そしてそこからしなやかに立ち直り、自分の感情をウェルビーイングな状態にしていくことでこの要素を満たしていくことができます。

【全職員・児童の実践例】

①笑顔を大切にしています。研究者ジャコモ・リゾラッティのミラーニューロンの発見から笑顔は連鎖することや、笑顔が脳内の幸せホルモン（セロトニン）の分泌を促進させること等の科学的根拠も紹介しながら体現しています。

②環境（森や校内の掲示物等）を美しく保っています。

③言葉を大切にしています。大人も子どもも語彙を増やし、感情を豊かな言葉で表現できるように努めています。

④自然の中での教育活動を取り入れています。特に図工での森の中でのアート活動は子どもたちの笑顔を増やしてくれています。

⑤レジリエンス力を鍛えられるよう、教職員には校長室だよりや校内研修で理論や方法を伝え、子どもには、担任が心の整え方を学んで行けるように寄り添い支援をしています。

⑥4年生以上の全児童対象に、スクールカウンセラーさんとのショートタイム面談（5分間）

を行いました。児童のメンタルヘルスサポートの第一歩、信頼関係づくりをしておくことをねらいとしています。

子どもたちの学校生活をＳＰＩＲＥにあてはめてみると、下図のように、学校の教育課程での学びはどれもＳＰＩＲＥに通じていることが分かります。また、教員がＳＰＩＲＥを意識して授業づくりをすることで、一時間ごとの授業も、子どもたちにとって幸せで充実感のあるものになることが想定できます。このことを教師が理解し、実践していくことが、ウェルビーイングな学校づくりの柱になると私は考えています。同じように管理職は、職員にとって、学校という職場がＳＰＩＲＥを満たしているかどうか、意識してマネジメントしていくことがとても重要なことだと考えています。

③心理的安全性

１９９９年にハーバード大学ビジネススクールのエイミー・

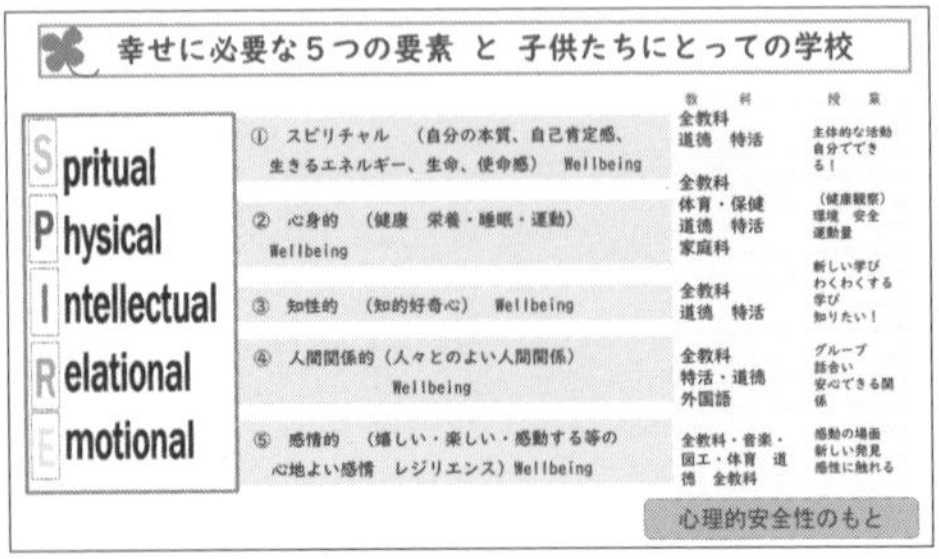

	教科	授業
Spiritual	① スピリチャル　（自分の本質、自己肯定感、生きるエネルギー、生命、使命感）Wellbeing	全教科 道徳 特活	主体的な活動 自分でできる！
Physical	② 心身的　（健康 栄養・睡眠・運動）Wellbeing	全教科 体育・保健 道徳 特活 家庭科	(健康観察) 環境 安全 運動量
Intellectual	③ 知性的　（知的好奇心）Wellbeing	全教科 道徳 特活	新しい学び わくわくする学び 知りたい！
Relational	④ 人間関係的（人々とのよい人間関係）Wellbeing	全教科 特活・道徳 外国語	グループ 話合い 安心できる関係
Emotional	⑤ 感情的　（嬉しい・楽しい・感動する等の心地よい感情 レジリエンス）Wellbeing	全教科・音楽・図工・体育 道徳 全教科	感動の場面 嬉しい発見 感性に触れる

Ｃ・エドモンドソン教授により提唱されたのが「心理的安全性」です。それは、チームの一人ひとりが、率直に意見を言い、質問をしても安全だと感じられる状態であることです。**「心理的安全性」の高いチームは、「業績向上に寄与する」「イノベーションやプロセス改善が起きやすくなる」「意思決定の質が上がる」「情報・知識が共有されやすくなる」「チームの学習が促進される」というエビデンスが報告されています。**これを学校にあてはめると、「心理的安全性のある学校は、新しい教育や指導方法への教職員の習熟が早く、子どもたちに質の高い教育を提供できる率が高い」「教職員事故が減る」という成果が期待できるのではないでしょうか。そして何より、教職員一人ひとりが主体的に動き、能力を最大限に発揮することで、自尊感情をもつことができ、幸せな職場になると考えられます。

⑴心理的安全性の４因子

石井氏は、自身の著書の中で、エイミーの研究結果やグーグル社の研究等を取り上げて紹介するとともに、日本版「**心理的安全性のための４つの因子**」として、「**話しやすさ**」「**助け合い**」「**挑戦**」「**新奇歓迎**」を挙げています。本校では、この考えを全教職員で共有し、実現できるように努めています。

(2)「心理的安全性」のない組織（職場・学級等）とは

それでは、「心理的安全性のない組織」とはどのような集団なのでしょうか。その例として、「対人関係のリスク（「無知」「無能」「邪魔」だと思われる）がある組織」「チームのために行動しても、罰（不利益）を受けるという不安がある組織」等があげられます。これらのリスクや不安の源は、組織を構成する人々の心のあり方にあります。心理的安全性のない組織では、人々は不安や恐怖に支配され、自己肯定感が低くなり、もっている力を発揮することはできないのです。

(3)健全に意見を出し合い「学習する職場」をめざす

「心理的安全性の高い職場」とは、みんなが仲よしでいるだけの集団とはちがいます。図が示している内容も、同校では全職員の共通理解事項として取り上げています。学校は「学習する職場」（図表の「心理的安全性」が高く、目標基準が高い）であってはじめて、学校教育目標の具現化が図れるものと考えます。学級においても「学習する集団」であることが子どもたちの力を最大限に引き出し、ウェルビーイング

	目標基準が低い	目標基準が高い
心理的安全性が高い	**ヌルい職場** 目標は低く、仕事の充実感も低い。結果は重要ではない。	**学習する職場** 健全な意見を出し合い高いパフォーマンスを目指し学習して成長する職場
心理的安全性が低い	**サムい職場** 余計なことをせず、自分の身を守る。言われた以上のことをしない。ミスを隠す。	**キツい職場** 不安と罰によるコントロールが幅をきかせる。ノルマは高いが協力性はない。

健全に意見を戦わせる学習する職場を実現する
（石井遼介2020、p.37の図1-6をもとに一部加除修正）

な状態にするためには欠かせない条件となることは間違いありません。

まとめ

学校現場でこれらの学術的・科学的根拠に基づくウェルビーイングの考え方を活用し、教育活動を展開していくことは、子どもたちの今と未来のウェルビーイングを満たすことに大きく寄与することは間違いありません。日々目まぐるしく変化・進化している社会、生成ＡＩと人間の関係等、これらが向かう方向がウェルビーイングになるかどうかは教育にかかっているといっても過言ではありません。一秒一秒の今と未来の積み重ねが十年後百年後に続いていきます。今、私達は未来をつくる子どもたちを育てているということに使命感をもち、「ウェルビーイングの考えを軸とした学校づくり」へとシフトチェンジしていくべき時を迎えているのです。

参考文献
・石井遼介（２０２０）『心理的安全性のつくりかた』日本能率協会マネジメントセンター
・中央教育審議会（２０２３）「次期教育振興基本計画について（答申）参考資料・データ集」
・前野隆司（２０１３）『幸せのメカニズム　実践・幸福学入門』講談社現代新書
・前野隆司（２０１９）『幸せな職場の経営学「働きたくてたまらないチーム」の作り方』小学館　他

アクション編 3

授業改善プロジェクトによる校内研修の改革

熊本大学特任教授
前田　康裕

授業改善とＧＩＧＡスクール構想

現行学習指導要領（２０１７）では、「何を学ぶか」だけではなく、「どのように学ぶか」も重視しています。いわゆる「主体的・対話的で深い学びの実現に向けた授業改善」といわれるものです。社会がどんなに変化しても、自ら課題を見付け、自ら学び、自ら考え、判断して行動し、豊かな未来を共に創造できる人間を育てるために、授業方法そのものの改善が求められているわけです。

ＧＩＧＡスクール構想によって全国的に配備されたタブレット型端末も、こうした授業改善を推進するために必要な「学習の道具」として活用されるべきものなのですが、現実的には従来型の授業にタブレット型端末の使用を加えただけに留まっている授業も多く見られます。また、個々の教員のＩＣＴスキルに依存する傾向があり、教員間や学校間によって、その活用による授業改善には大きな格差が生じているのが現状です。

一般的な校内研修の問題点

一般的な校内研修は、年度当初に研究主任が立案した研究テーマに従って数名の教員が研究授業を行い、年度終わりに研究論文などの形でまとめるということが多いでしょう。しかし、こうしたやり方が１人１人の教員の授業改善に有効に機能しているかといえば、必ずしもそうではありません。なぜならば、以下の問題点があると考えられるからです。

○学校の研究テーマが、１人１人の教員にとっての「自分事」として捉えられにくい。
○研究授業及び授業研究会が、１人１人の教員の授業改善につながりにくい。
○１人１人の教員の一年間の研究成果が、学校全体の教員に共有されない。

今まさに、こうした校内研修のやり方を見直す時期が来ているのではないでしょうか。

教員による探究的な学びの必要性

中央教育審議会（2022）は「『令和の日本型学校教育』を担う教師の養成・採用・研修等の在り方について（答申）」において、以下のように教師による探究的な学びの必要性を提言しています。

『主体的・対話的で深い学び』を実現することは、児童生徒の学びのみならず、教師の学びにも求められる命題である。つまり、教師の学びの姿も、子供たちの学びの相似形であるといえる。（中略：前田）

これからの時代には、日本社会に根差したウェルビーイングについて考察しつつ、教師自らが問いを立て実践を積み重ね、振り返り、次につなげていく探究的な学びを、研修実施者及び教師自らがデザインしていくことが必要になる。あわせて、教育委員会で実際に研修に携わる指導主事等に対し、研修デザインに関する学び直しの機会が提供されるべきである。

確かに、教師による探究的な学びによる校内研修が実現できれば、そのこと自体が「主体的・対話的で深い学び」となり、体感的にその良さや方法が理解できると考えられるわけです。

先行研究から

松尾睦（2021）は、クリスティーン・ロビチェック（2019）が提唱する「変革や改善のためのスキル」を引用し、①変革の準備、②計画性、③資源の活用、④意図的行動の4つの「自己変革スキル」を説明しています。これを教員研修にあてはめると、教員が自分の中で変える必要がある事柄を理解し、そのための実現可能な計画を立て、同僚や研究授業等から得られる情報を自己変革の資源として活用しながら成長していくモデルが考えられます。

ディヴィッド・コルブ（2018）は、「具体的経験」「内省的観察」「抽象的概念化」「能動的実験」の4つのプロセスで構成される経験学習モデルを提唱しています。教員研修の文脈にあてはめると、研究授業や授業研究会で得た具体的な経験を抽象的に考察して応用可能な言葉に概念化することで、自己成長に必要な知見を得られることになります。

ジョン・ハッティら（2022）は、「他の人と一緒に学ぶことで、より多くのことを学ぶことができる」という学習者の信念をコレクティブ・エフィカシー（collective efficacy）と呼び、それがうまく機能すれば、集団の力は強くなり、学習を加速させると主張しています。さらにジェニー・ドノフー（2022）は、教師のコレクティブ・エフィカシーが生徒の成績を高める要因になることを解説しており、先行研究を引用しながら次のように述べています。

> 教師のコレクティブ・エフィカシーは、教育改善に焦点を合わせた協働を通じて高められる。また、教師が自分の教え方の影響を知らせるエビデンスに対し思慮深く注意を払うときにも、教師のコレクティブ・エフィカシーは促進される。

子どもたちと同じように、教師もまた集団で学ぶ良さを実感していくことが必要なのです。教員研修においては、1人1人の教員の課題を個別に解決していくのではなく、協働的に解決していくような組織的な取組が必要になると言えるでしょう。そのことによって、仲間である同僚と一緒に学ぶことの楽しさを味わえることも期待できるわけです。

授業改善プロジェクト

上述した先行研究を基にして、筆者は「授業改善プロジェクト」を立案し、２０２４年度に複数の学校の校内研修で実施しました（図１）。

授業改善プロジェクトとは、学校の研究テーマに合わせて、１人１人の教師が個別最適な課題を立てて、１年間をかけて協働で解決していくプロジェクト型の校内研修です。

「主体的・対話的で深い学び」の視点による授業改善を、ＩＣＴも活用しながら、対話と振り返り（リフレクション）を通して実現することを目的としています。つまり、「主体的・対話的で深い学び」を教師自らが体験的に理解できるようにするものです。

本稿では、その手順を具体的に説明していきます。

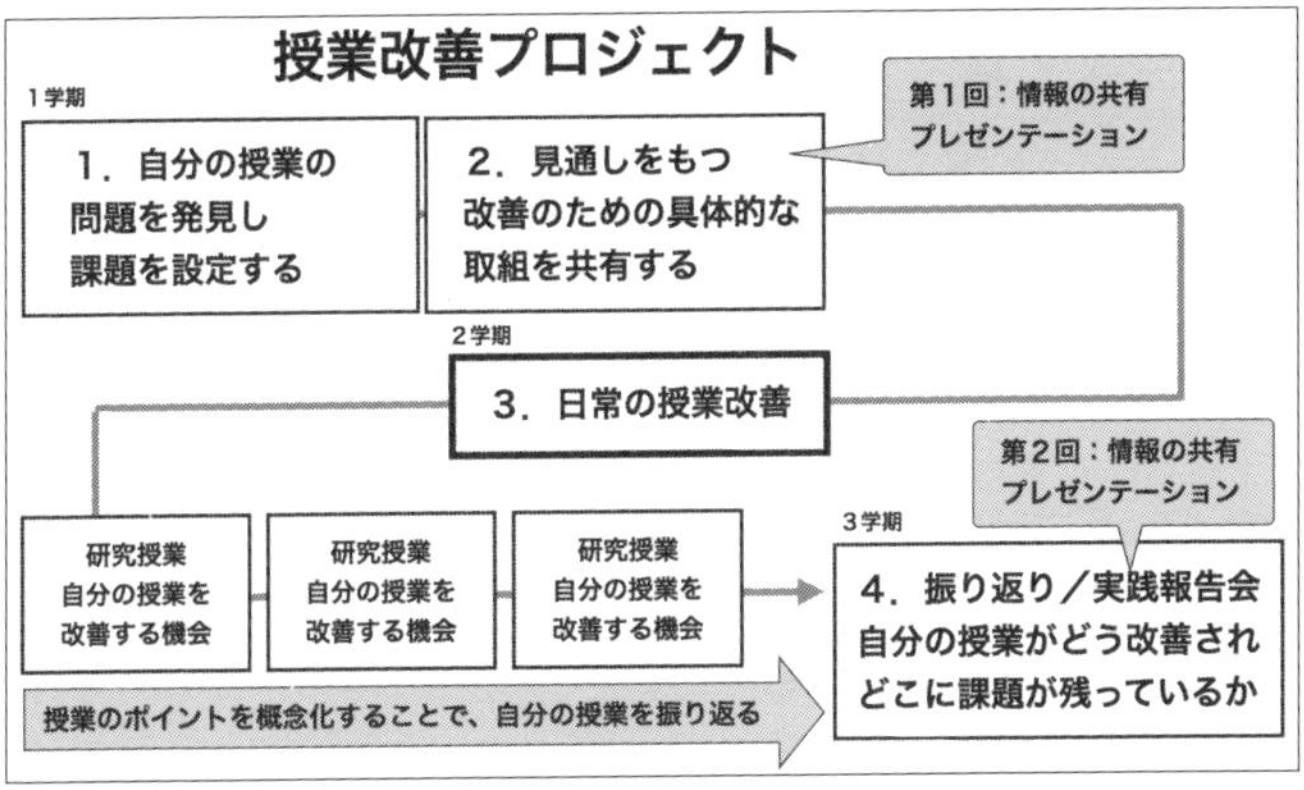

図１　授業改善プロジェクトの概要

①自分の授業の問題を明らかにする

授業改善プロジェクトにおける個人課題は、個人研究とは異なります。学校の研究テーマに沿って理想と現実の隔たりを自覚し、自分の授業の問題を発見することがスタートとなります。

そのためには、理想の状態を共有しておく必要があります。たとえば学校の研究テーマが「主体的に学ぶ子どもの育成」といった場合、その理想の姿を教師同士の対話によって明らかにします。「振り返りに『次はこうしたい』と書ける子ども」「インターネットから学習に役立つ情報を集めることができる子ども」「宿題がなくても自分で家庭学習ができる子ども」といった具体的な言葉にしていくわけです（図2）。

図2　理想の状態を共有する

また、場合によっては、理想とする授業がイメージできる動画などを視聴したりすることも必要になるでしょう。特にICTを活用した授業は、これまでの実践の蓄積が乏しいのでイメージするのが難しく感じる教師もいると思います。

そして、その「ありたい姿」と自分の授業の隔たりを自覚することが必要になります。できれば自分の授業を撮影した動画を見せ合いながら対話することが理想的です。「タブレットが学習の道具になっていない」「一部の子どもの発言だけで進められている」といった「自分の授業の問題」を発見す

図3　自分の授業の問題を発見する

ることで改善すべき点を明らかにしていくわけです（図３）。

②１人１人が課題を立てる

自分の授業の問題点を発見したら個々の課題を立てます。たとえば、「タブレットの活用をどう充実させるか」「対話的な学びをどう取り入れるか」といったものです（図４）。

授業の改善ポイントは本当は複数あるはずなのですが、１人が１つの課題にしぼることが望ましいのです。なぜならば、手を広げすぎると成果が見えにくくなるからです。「今年度の自分自身の授業改善の課題は○○だ」というふうに焦点化することで、時間とエ

図４　１人１人が課題を立てる

ネルギーを集中させることができるわけです。

③見通しを共有する

教員1人が1つの課題を設定したら、その課題解決のための具体的な取り組み（見通し）をチームで考えてプレゼンテーションを行い、教員全体で共有します（図5）。

チームの分け方は、校種や学校の規模によって異なります。教科ごとに編成したり、課題ごとに編成したりします。ある中学校では、「ICT活用を課題とするチーム」「振り返りを課題とするチーム」「教師の教授行為を課題とするチーム」の3チームに分かれて取り組んでい

図5　見通しを共有する

ます。教科を超えて対話を行えることが大きなメリットと言えましょう。

④日常的に課題解決を行う

1人1人が立てた課題については、年間を通して取り組んでいきます。たとえば、「対話的な学びの充実」を課題にした教師は、それを解決するために日常の授業改善に取り組んでいくわけです。その方法をOECDが提唱するAARモデルを用いて説明します（図6）。

まずその教師は、同僚の先生から教えてもらった「3人グループで話し合う活動を取り入れる」という「見通し」を立てます。これが「Anticipation」と呼ばれるもので、ワクワクすることを考えることが重要です。そしてすぐに「行動」に移します。これが「Action」です。しかし、やってみると、「タ

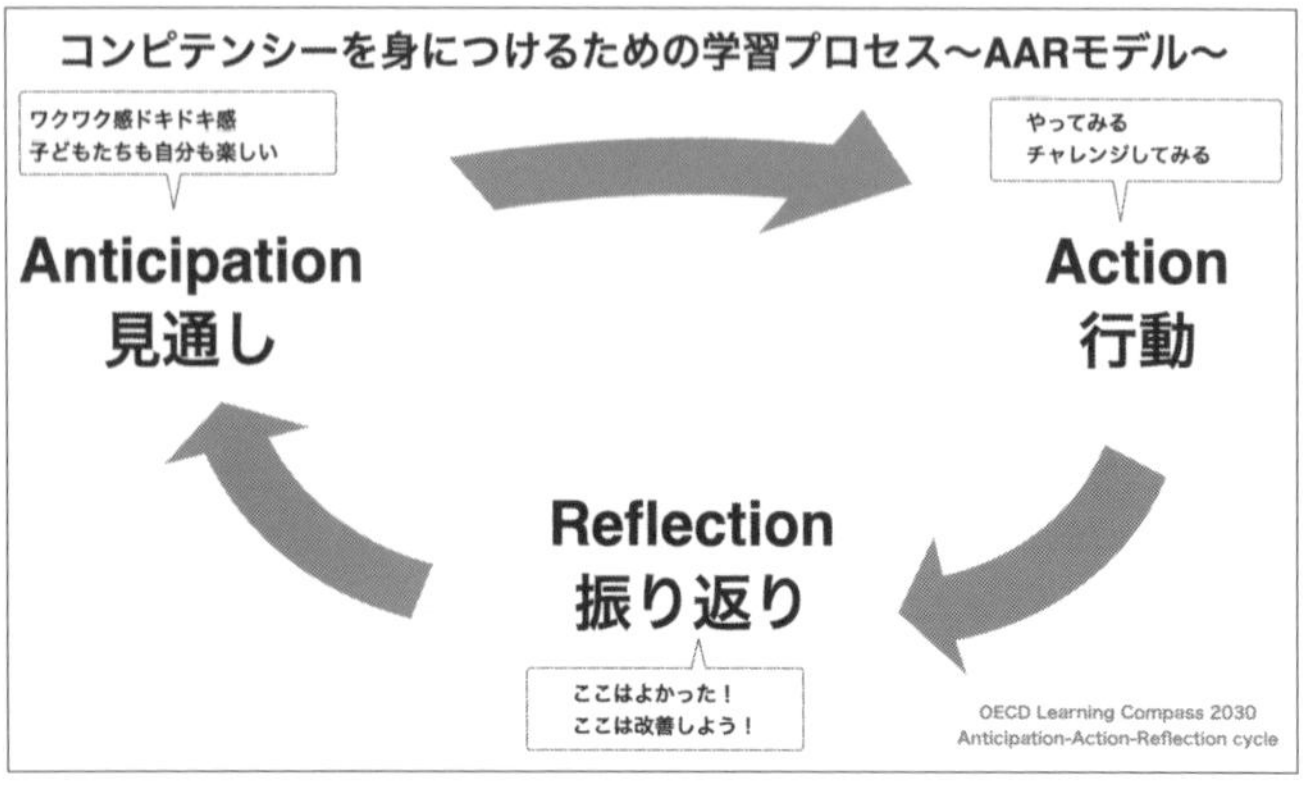

図6　AAR モデル

ブレットが効果的だった」といった良かった点も発見できる一方で、「学習課題がやさしすぎた」といった新たな問題にも気付くはずです。これが「Reflection」とよばれる「振り返り」です。そして、その新たな問題に対しては、「対話を活性化させるための学習課題とはどのようなものか」といった、新たな課題と見通しを立てて行動していくわけです（図7）。

　つまりAARモデルとは、見通しを立てて、すぐに行動し、修正しながら課題解決をしていく学習サイクルであり、主体的に行動して変化を

図7　教師による探究的な学び

起こす力を身に付けることができるというものです。優れた教師は、無意識にこのサイクルを繰り返しているはずです。

⑤対話と振り返りを促す授業研究会

一学期から二学期にかけての校内研修では、研究授業を重ねていきます。校種によっては研究授業の時間が多くは確保できないところもあるでしょう。ある高校では、８カ所の教室で同時に研究授業を行い、教科を超えた教員が生徒の立場で授業を評価するということをやっていました。要は、学校の実情に応じてやり方を工夫することなのだと思います。

授業研究会では、公開された授業を評価するだけではなく、そこから得られた知見を対話によって〝概念化〟して、自分の授業改善に生かすようにしていきます。これが極めて重要な活動になります。

従来の授業研究会

1、授業者の自評
2、質疑応答
3、意見交換
（挙手指名型）
（ワークショップ型）
4、助言

問題点
研究授業のみの議論になって
参加者の授業改善につながらない
助言者に依存していないか？

対話と振り返りを促す授業研究会

前半
1、授業者の自評
2、情報端末で一斉に記入
（良かった点と改善点・疑問点）
3、対話による改善のアイディア

後半
4、対話によるポイントの概念化
5、対話による自分の授業の改善点
6、全体の振り返り（学んだこと）

図８　対話と振り返りを促す授業研究会

授業改善プロジェクトでは「対話と振り返りを促す授業研究会」と呼んでいます（図８）。

　授業研究会の前半では情報端末を使って、良かった点や改善点・疑問点を一気に集約します。10分もあれば、かなりの意見を一度に見ることができます。良かった点は読めば分かりますので、内容的な議論は割愛します。

　そして、改善点や疑問点を中心にして対話を行い、代案を練り上げていきます。このプロセスの中で、それぞれの授業観や授業方法が共有されることにな

図９　前半：全員の意見を情報端末で集約する

ります。考えられた代案は口頭で発表したり情報端末で共有したりしていきます（図9）。

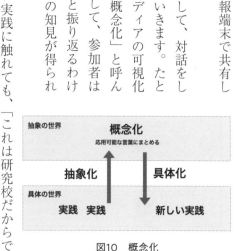

後半は、授業の事実や研究会での意見を基にして、対話をしながら授業のポイントを抽象化して言葉にしていきます。たとえば、「子ども同士の相互評価が重要だ」「アイディアの可視化が効果的だ」といった具合です。このことを「概念化」と呼んでいます。そして、概念化された言葉を基にして、参加者は「自分の授業は、それができているだろうか」と振り返るわけです。つまり、他者の授業から自分の授業改善の知見が得られることになるわけです（図10）。

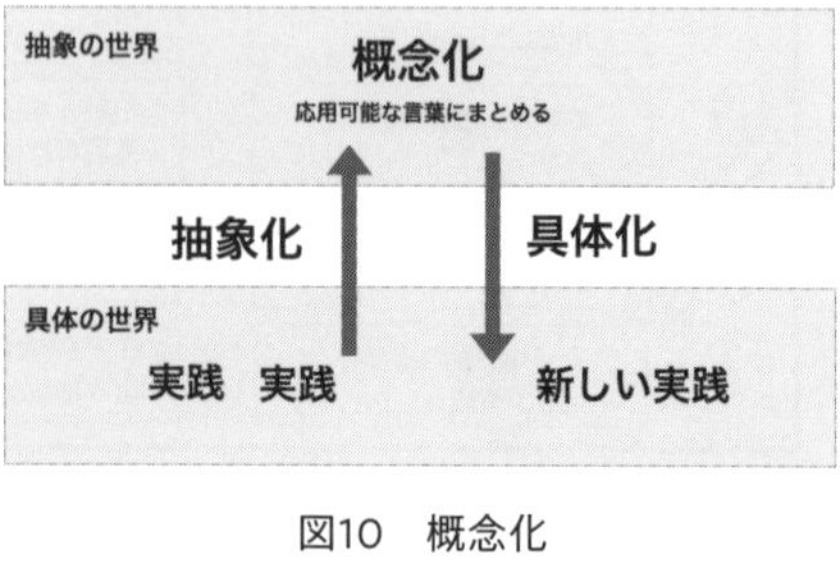

図10　概念化

具体から具体にしか考えられない人は、良い実践に触れても、「これは研究校だからできる」「自分の学級では無理だ」などと考えてしまい、自分の事として応用することができません。このように具体と抽象を往復することで、様々な授業実践を自分の実践へと応用可能なものにしていくことができるわけです。

初期の段階では、スムーズに概念化ができるとは限りません。どのレベルまで抽象化すればよいのかが分かりにくいからです。たとえば、「学び合いが大切だ」といった言葉では抽象度が高すぎて応用可能にはなりにくいでしょう。抽象度のレベルは、会のメンバーや目的によって異なります。教科の研究会では具体的なレベルが必要ですし、教科を超える場合は、ある程度の抽象度が求められます。

　繰り返しながら慣れていく必要があるのです（図11）。

⑥協働して課題を解決する

様々な課題をチームが協働

図11　後半：概念化のプロセス

して解決していくことになります。取り組む内容や取り組み方は学校によって様々ですが、研究授業のための教材研究を、授業改善プロジェクトのチームで取り組んでいる学校もあります。

また、ある中学校では、アプリケーションの使い方を習得するための小学校中学校合同の研修会を夏休みに行っています。講師となる教師たちは、アプリケーションの使い方を深く学んで「教える立場」となり、学校に貢献できる存在になるわけです（図12）。

受講する教師たちは、講師への

図12　小学校中学校合同のアプリ研修会

感謝の気持ちをもって研修に参加し、教えてもらった使い方や授業のアイディアを話し合い共有することで、全体に貢献できるようにします（図13）。

ドラッカーは次のように述べます。

> われわれは貢献に焦点を合わせることによって、コミュニケーション、チームワーク、自己開発、人材育成という、成果をあげるうえで必要な四つの基本的な能力を身につけることができる。

それぞれが自分の強みを生かして貢献ができたときに、自己肯定感を高め、お互いの成長を実感できるようになるのではない

図13　使い方や授業のアイディアを共有する

でしょうか。

⑦実践報告会と振り返り

３学期には、実践報告会を開催して、研究の成果を共有します。自分の授業改善について１人１人が発表するところにポイントがあります。

報告会の方法は様々ですが、１人が３分程度で、スライドや動画を使って発表することが多いようです（図14）。

ただし、発表に対するフィードバックが重要です。グループ内では、１人の報告の後に意見を交換する時間を設けます。

図14　１人１人が実践の報告を行う

人数が多いところは、グループ内で発表を行い、グループ代表が全体で発表するという方法もよいでしょう。いくつかの発表の後にグループ内で対話を行い、学びを共有するのも効果的です（図15）。

重要なことは、成功事例の発表会ではないということです。失敗や試行錯誤なども共有することで、課題への取り組み方を学ぶことができるわけです。

実践報告会の後は、対話によって「自分の成長」を明らかにして一年を通した振り返りを行います。振り返りの目的は、経験から学ぶことであり、それを未来に生かすことだからです。

また、一緒に学んだ仲間への感謝を言葉にしましょう。仲間への敬意と感謝は、おたがいの自己効力感を高め、教師1人1人が持つ可能性を伸ばしていくことにつながっていくのです。

図15　全体で学びを共有する

授業改善プロジェクトの効果

「授業改善プロジェクト」に参加した教員を対象としたアンケート調査で上位に上がった項目は「同僚との関係性の向上」「『主体的・対話的で深い学び』に関する理解」「ＩＣＴの授業での活用に関する知識」といったものです。仲間と一緒にＩＣＴも活用しながら主体的・対話的で深い学びを実際に体験できるからでしょう。１人１人の教員の学びが他の教員の学びにも広がり、学び方そのものを学ぶことができる、このような個別最適で協働的な学びが、校内研修にも求められているのではないでしょうか。

本文中の漫画の引用元

・前田康裕（２０２４）『まんがで知るデジタルの学び３　授業改善プロジェクト』さくら社

参考文献

・文部科学省（２０１７）『小学校学習指導要領解説』『中学校学習指導要領解説』
・中央教育審議会（２０２２）「『令和の日本型学校教育』を担う教師の養成・採用・研修等の在り方について（答申）」
・松尾睦（２０２１）『仕事のアンラーニング　働き方を学びほぐす』同文舘出版
・デイヴィッド・コルブ、ケイ・ピーターソン／中野眞由美翻訳（２０１８）『最強の経験学習』辰巳出版
・ジョン・ハッティ他／原田信之訳（２０２２）『スクールリーダーのための教育効果を高めるマインドフレーム』北大路書房
・Ｐ．Ｆ．ドラッカー／上田惇生訳（２００６）『経営者の条件』ダイヤモンド社

おわりに

まずは本書をお手に取っていただきまして、誠にありがとうございます。前作の『SCHOOL SHIFT』に続き、多くの方々のご協力、そしてご一緒させていただいた方々（稲垣忠先生、武藤久慶先生、鈴木秀樹先生、田中茂範先生、田中理紗先生、吉金佳能先生、池谷陽平先生、中田正弘先生、妹尾昌俊先生、中島晴美先生、前田康裕先生、そして明治図書の大江さん）によって、このような形で学びを書籍という形で届けることができました。改めて心から御礼申し上げます。

生成ＡＩに代表される私たちの頭脳機能を強化・代替する情報技術の発展は、私たちの一人一人の能力や可能性を高めるだけではなく、社会の在り方をＤＸ（デジタルトランスフォーメーション）し、それに伴って様々なことが問い直されています。この流れは、学校教育においても例外ではないでしょう。授業実践の変容にとどまらず、学校組織や、教員の在り方、学校の意義まで問い直しが起こっています。まさに様々なところで「不確実性」や「可変性」が認識できる状況であり、それは本書を通しても実感されることでしょう。

本書は、学校教育における変容の要諦を抽出して整理することによって概観し、学校教育の今後や教育実践など、みなさんにとっての何かの羅針盤になればと願い出版しています。

「はじめに」では、未来を創る鍵の一つは「学び」だと述べました。私たちは、何かを学ぶことによって変わることができ、選択肢を増やすことができます。「学び」というのは私たちの可能性を高め、より良い未来を切り拓く存在になってくれるのです。私たちの一人一人の能力や可能性を高める高度情報社会の到来は、学びの価値・意義の高まりにつながります。それに伴って、高次の知恵（知識技能）が求められることになります。この点で、自分自身（アイデンティティ）が大きく問われていると言え、同時に、学びによって自分自身の可能性を高めていくことが、より良い人生の形成、もっと言えば社会の形成に大いに寄与することになるといえるのではないでしょうか。

高次の学びを構成する一つの要素は、「ナラティブ」という概念だと考えています。自分の人生を自ら物語としてとらえ、構築していくということです。私たちは何かの知識を吸収し、自分の技能（能力）を活用して、場合によっては他者と協働しながら活動を創造していきます。その活動を振り返り（内省）、知恵を獲得・蓄積し、また新たな知識や技能の活用によって、活動を創造していくことを繰り返していきます。この一連の活動の蓄積が、自分自身の人生のナラティブ（物語）になり、アイデンティティが形成・深化していきます。その結果として、私たちの人生はよりオリジナルなものになっていくのです。大切なことは、リフレクション（内省）によって過去の自分と結び付け、現在の自分を自分なりに理解・解釈するということです。この解釈によって未来へ目を向けることができると考えます。つまり、過去・現在・未来の一貫したナラティブづくりが大切なのです。

ナラティブづくりはダイナミックで動的な人生を自ら解釈し、意思を持って未来を拓くということです。それは生成ＡＩには難しい、自分だからこそできることの一つではないでしょうか？　このように、私たちができることが増えてきて、社会も複雑化することに伴って個人の学びが高次化することは、私たち自身の学びを変えていく、learn（学ぶ）という学びの積み上げだけではなく、ある意味ではunlearn（学びほぐし）が求められる側面もあります。いずれにしても、その根底には学びがあると言えるでしょう。生涯を通じて「学び続ける」、「更新し続ける」ことが重要になります。

このような時代に、学校教育には何ができるでしょうか？　前作『SCHOOL SHIFT』の「おわりに」では、「社会」を動かしている原動力は今日、そして未来において、それは「個人」だとお伝えしました。学校は、いつの時代も子供の可能性を高める場所であることは変わらないと思います。様々な学校教育への問い直しに対して、私たちが自分なりの考えを形にして表現し、広く議論して学び合い、また実践していくというサイクルを創っていくことが大切になっていくと考えます。このような営みによってこそ、新たな学校教育の形が描かれていくのだと信じています。本書は、前作に続いて色々な実践や考えを取り上げました。「未来の先生フォーラム」でも、様々な取り組みを取り上げ続けることで多種多様な学びを創出し、学校現場や先生にできる限り貢献していきたいと考えています。

最後に、私の座右の銘をご紹介します。

一燈を提げて暗夜を行く。暗夜を憂うること勿れ。只だ一燈を頼め。（佐藤一斎『言志四録』）

私たちの社会や学校教育、そして私たち自身、学校の先生もまさに今日は先が見えない暗夜を行くようなものです。そんな時だからこそ、学び、変わり続ける自分自身や自分たち（一燈）を信じ、行動していきましょう。VUCA時代・人生100年時代という暗夜を行くみなさんに、本書が何らかの形で貢献できれば幸いです。

２０２４年７月

宮田純也

執筆者一覧

宮田純也　（みやた・なおや）　一般社団法人未来の先生フォーラム代表理事

稲垣　忠　（いながき・ただし）　東北学院大学教授

武藤久慶　（むとう・ひさよし）　（前）文部科学省学校デジタル化プロジェクトチームリーダー

鈴木秀樹　（すずき・ひでき）　東京学芸大学附属小金井小学校教諭／慶應義塾大学非常勤講師

田中茂範　（たなか・しげのり）　慶應義塾大学名誉教授／PEN言語教育サービス代表

田中理紗　（たなか・りさ）　私立かえつ有明中・高等学校サイエンス科・プロジェクト科主任

吉金佳能　（よしかね・かのう）　宝仙学園小学校教諭

池谷陽平　（いけたに・ようへい）　追手門学院中・高等学校探究科主任・中学校学年主任

中田正弘　（なかだ・まさひろ）　白百合女子大学教授

妹尾昌俊　（せのお・まさとし）　一般社団法人ライフ＆ワーク代表理事／教育研究家

中島晴美　（なかじま・はるみ）　埼玉県上尾市立上平小学校校長

前田康裕　（まえだ・やすひろ）　熊本大学特任教授

【編著者紹介】

宮田　純也（みやた　なおや）

早稲田大学高等学院，早稲田大学教育学部教育学科教育学専攻教育学専修卒業，早稲田大学大学院教育学研究科修了（教育学修士）。大手広告会社などを経て，その後に独立。独立後は日本最大級の教育イベント“未来の先生フォーラム”創設や約２億７千万円の奨学金創設，通信制高校設立に関わるなど，プロデューサーとして様々な教育に関する企画や新規事業を実施。創業した会社が2023年10月に一般社団法人未来の先生フォーラムと共に朝日新聞社へグループインし，その後に子会社社長を務める。現在は一般社団法人未来の先生フォーラム代表理事。編著に『SCHOOL SHIFT』（明治図書出版），監修に『16歳からのライフ・シフト』（リンダ・グラットン，アンドリュー・スコット著／東洋経済新報社）。

お問い合わせ：n_miyata@mirai-sensei.org

SCHOOL SHIFT 2

あなたが未来の「学び」を創出する

2024年８月初版第１刷刊　©編著者　宮　田　純　也

2025年２月初版第２刷刊　発行者　藤　原　光　政

発行所　明治図書出版株式会社

http://www.meijitosho.co.jp

（企画）大江文武（校正）奥野仁美

〒114-0023　東京都北区滝野川7-46-1

振替00160-5-151318　電話03(5907)6701

ご注文窓口　電話03(5907)6668

＊検印省略　組版所　株式会社アイデスク

Printed in Japan　ISBN978-4-18-535620-6